London

集樂倫敦
——非去不可的倫敦市集大公開

粟子　著

CONTENTS

I 倫敦一手觀察

II 漫遊倫敦景點

Ⅲ 百變市集巡禮

Ⅳ 溫莎古堡尋幽

CONTENTS

SEQUENCE

[推薦序]
旅遊指南沒說的隱藏版

「看著螢光筆繪製的路徑圖，我一派天真：
『很近嘛！不出半個鐘頭就能完成。』殊不知
接下來的旅程，將狠狠品嚐理論與現實的差
距……。」話是粟子說的，路是她走出來的，
相信現在攤開倫敦地圖給她瞧，她瞧見的絕對
和我們不一樣。

　　就像《哈利波特》裡的「劫盜地圖」
　　（Marauder's Map），看得懂要有「撇
　　步」；苦就苦在粟子是顆「麻瓜」，沒魔杖
　　沒魔法說不成咒語，當然也不能騎著掃把在
　　英倫高來高去，只好冒著「斷腿」危機，以
　　麻瓜特有的「相信天無絕人之路」憨膽，把
　　旅遊地圖上看不到的「隱藏版」走出來，而
　　且絕不藏私，也不怕你笑（你最好是笑）。

就和大家一樣，粟子的行前準備也少不了幾本
旅遊指南，按圖索驥總是八九不離十，不過差
的那個「一、二」，就可能是驚喜，也可能是
驚嚇，粟子一語道破：「旅遊指南的簡略用

詞，往往會傳達『搭車很簡單』的錯誤訊息，其實從買票、轉車到抵達目的，皆是一連串充滿挑戰的探險過程。」

　　幸好這探險過程，粟子並不寂寞，如果沒有粟爸和粟媽同行，過關挑戰將會失色許多。當然粟子的「麻瓜血統」出自這對夫妻，但我一直懷疑粟爸、粟媽有「純麻混血」之嫌──海軍出身的粟爸號稱「活體導航系統」，有精準的方向感，但如果偶爾凸槌失靈時，沒方向感卻「第六感超強」的粟媽就會順勢救援；粟媽更出色的才華是殺價，不過遇到喜歡的「獵物」，這位時髦貴婦的理性冷靜也會徹底瓦解。

更有趣的是，粟子其實「立志當魚乾宅女」（這還需要「立志」嗎？），卻又意志不堅定，一再拗不過愛玩的雙親熱情邀約，又因「老倆口」熱愛自助不跟團，使得探險成了逃不過的「粟命」，而挑戰的又豈是「交通」一項而已？於是，粟家旅程的住宿、購物、飲食、風俗人情……都擁有旅遊指南裡看不到的獨門趣味。

在這些獨門趣味裡，粟子揭穿英國人「豆豆先生」式的耍冷幽默，踢爆粟爸通關總是嗶嗶叫的秘密，分析「炸魚和薯條」為何好吃，調配「參觀大英博物館三部曲」，大玩市集尋寶遊戲，哭訴在劍橋卻無法「再別康橋」……，而在經歷劍橋「鬼打牆」事件後，粟家三人到公園野餐，我尤其喜歡她寫的飽餐一頓後，「三口一改拘謹性格，在三條長椅上昏睡不醒，自在程度更勝當地人」，充分展現融入當地生活的自助行真諦。

文字工作者

粟子磨出的英國新滋味

寫序文期間，巧遇震撼全球的日本海嘯災難，本不該在「一本令人愉悅歡快的旅遊書」上面留下令人不勝唏噓的嚴肅心情，但是對我而言，寫作時刻就是最坦誠的一刻，所以也不得不真實反映這個當下感受。

　　倖存者當中，有人說：「以為永遠不會變的風景沒想到瞬間消失了。」這句話真是令人心頭一震，確實，或許我們要急著趕赴的不再是即將沉入水中的威尼斯，不是將要坍塌的吳哥窟，而是任何一處我們以為永遠會存在的尋常之地，是日本東北岩手、或就是英國倫敦？這也就讓我深深覺得，有必要好好推薦粟子寫的這本《集樂倫敦》，當然不是唱衰英國要消失了，而是我們要更加善用時間，做最有效的旅行規劃，掌握歷史與解讀當地特色，而粟子的英國書，正是包含上述功能且有血肉有溫情有笑點的實用指南。

身為繪圖者的角色，參考溫莎堡官方圖片再重製的過程中，對於英國能完善保存數百年的古建築與精緻器物，著實驚艷讚嘆，對比天災人禍頻仍的此刻，尤顯彌足珍貴。而這份美的見證，在粟子筆下生動傳神，沉悶的歷史總被她活化成一個個栩栩如生的小故事，讓人讀來逸趣橫生，恨不得立刻飛去現場一探究竟──這同時也是我身為第一手讀者的感受。

說來汗顏，過去雖然因為工作關係，是旅遊書
海裡的幕後推手，但我並沒有去過很多國家，
對英國的印象恐怕還停留在彼得梅爾筆下英國
菜很難吃的程度，倒是後來奧立佛改變了我對
英國菜的想像，這種轉變，或者也可以套用在
粟子的《集樂倫敦》上，她的筆多少顛覆了以
往我對英國的刻板印象。另一個私人偏好是，
透過她與家人「有節制的瘋狂購物」行為，讓
我見識到英國除了學院風、古典風、優雅格調
之外，其實也有許多與異文化撞擊之後的新產
物、跳蚤市場千奇百怪的老東西等，無一不刺
激著我的購買欲、窺看狂。

　　衷心推薦《集樂倫敦》的同時，也感謝粟子繼
頗受好評的《遇見希臘》（秀威，2009）之
後，再度邀我參與繪圖工作，讓我順隨她的筆
到之處，紙上神遊過足乾癮。在康橋笑言徐志
摩帶不走的雲彩，自比「粟自磨」的粟子，此
次依舊偕同父母一家三口老搭擋，一路不改搞
笑諧星本色，用善於觀察的眼，帶我們見識最
不一樣的英國，她這筆下磨出的瓊漿玉液，值
得大家好好品嚐玩味！

Moon

浪遊編輯

我的英國麵團

不可否認，我是個眼高手低的女人。明明經歷一場難忘美妙的英國行，卻怎麼也寫不出想要的滋味，拖拖拉拉、兜兜轉轉，直到憶起千古名言：「做，就對了！」才終於逼自己動手。回想寫完修、修完改、改完刪、刪完又重寫的日子，突然覺得好像在揉麵團（粟家雙親是玩麵粉高手，而我是包包子能手）!?

　　先將一堆粉（記憶）用水（文字）調和，慢慢凝結成團，雖然有了雛形，盆子、雙手還是濕濕黏黏；繼續耐心揉，麵團表面從粗糙逐漸滑順，漸漸達到「三光」狀態。或許，這揉了好一段時間的英國麵團，還是不盡如我意（本人是有口皆碑的龜毛小姐），但成果總得下鍋煮成麵條、入籠蒸成饅頭、沸水燙成疙瘩、碳爐烤成披薩，否則放到發霉，吃都不能吃，豈不更可惜？

揉製英國麵團時，腦海浮現盡是旅途中微不足道的花絮——小英慣用的龜速找錢法（著實令習慣迅速加減招的台胞痛苦不堪）、黑漆漆硬梆梆的聖誕布丁、突然竄上車的驗票嘻哈小哥、面對殺價不知是真糊塗或裝糊塗的花甲老闆、泡在香水迷湯裡的怪味香腸……去之前只覺英國古典甚至古板，去之後

反而發現她多彩迷人的另一面，目不轉睛、目不暇
給，百分百印證人不可貌相。

　　身為《集樂倫敦》的主廚，不只自己日揉夜揉，還
　　邀請才華洋溢的好友助拳，為作品增添光芒。首
　　先，由衷感謝文字精湛的前媒體主編林蕙娟，百忙
　　之中讀完密密麻麻的純文字稿，堅守準時承諾，
　　提早送上旁徵博引的超優推薦文；至於多年前將
　　我一把推進寫作火坑的Moon，則是本書細膩絕美
　　插圖的無敵功臣。聽聞她在現實生活中對地圖恨之
　　入骨，卻在繪製倫敦地鐵圖及溫莎、劍橋、格林威
　　治等路線圖時罹患「追求完美症」，嚴重「鑽牛角
　　尖」，發出無數E-mail再三確認，較真程度，令身
　　為作者的我感激涕零！

素有「食神」美名的阿姨，在咱們出發前提供誠
懇非常的「醜食」（食物是英國人盡皆知的大死
穴）經驗談，使我在進入甜點店時保持冷靜，因
為它們真的只是長得不一樣，味道均一死甜……
最後，粟子的瘋狂自助遊怎會少了叩謝雙親橋
段，粟媽的靈異第六感與粟爸的人肉導航器於英
國再度大爆發，無論多難找的旮旯景點，都難逃

兩人火眼金睛。儘管仍免不了雙腿僵硬、全身酸痛，卻也因此增添許多「正常旅人」很難遇上的神奇體驗！

倫敦所以能在世界旅遊名單上歷久不衰，不只倚老賣老（大笨鐘、西敏宮、倫敦塔橋）、不只追逐新潮（倫敦眼、千禧橋、環保建築），還有獨一無二的皇家級「祕密武器」！作為世上最老牌的君主立憲國家，女王和她的家族成員、禁衛軍隊伍與宮廷城堡，皆話題性十足，特別在威廉王子大婚、破紀錄三度舉辦奧運的當下，迷人指數更是破表！

對愛玩懂玩又會玩的台胞而言，英政府的「入境六個月內免簽證」大禮著實不用可惜，試問怎能放過如此風華絕代的超級聖地？看到這，還不趕快訂機票、拿護照，隨身帶本好笑好看好貼心好實用的旅遊書（或許正是您手上這本！），盡情享受多采多姿、綺麗豐富的英倫假期！

Tube map

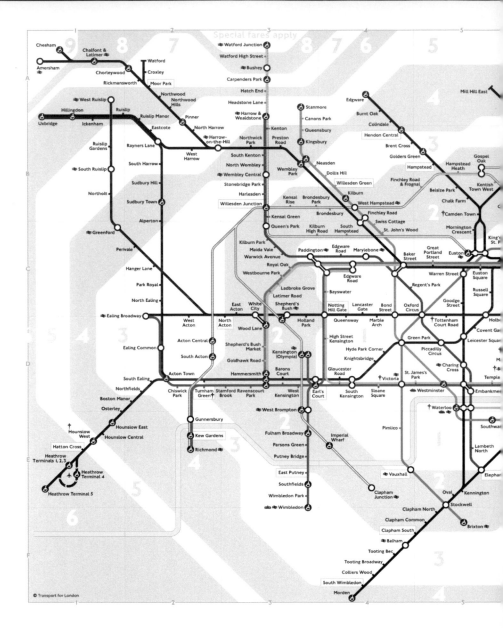

MAYOR OF LONDON

Website
tfl.gov.uk

24 hour travel information
0843 222 1234*

*You pay no mor
from a BT landlin
Charges from m

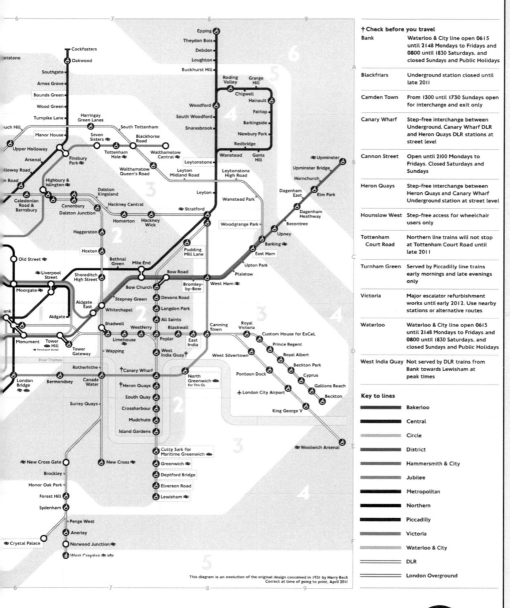

† Check before you travel

Bank	Waterloo & City line open 0615 until 2148 Mondays to Fridays and 0800 until 1830 Saturdays. and closed Sundays and Public Holidays
Blackfriars	Underground station closed until late 2011
Camden Town	From 1300 until 1730 Sundays open for interchange and exit only
Canary Wharf	Step-free interchange between Underground. Canary Wharf DLR and Heron Quays DLR stations at street level
Cannon Street	Open until 2100 Mondays to Fridays. Closed Saturdays and Sundays
Heron Quays	Step-free interchange between Heron Quays and Canary Wharf Underground station at street level
Hounslow West	Step-free access for wheelchair users only
Tottenham Court Road	Northern line trains will not stop at Tottenham Court Road until late 2011
Turnham Green	Served by Piccadilly line trains early mornings and late evenings only
Victoria	Major escalator refurbishment works until early 2012. Use nearby stations or alternative routes
Waterloo	Waterloo & City line open 0615 until 2148 Mondays to Fridays and 0800 until 1830 Saturdays. and closed Sundays and Public Holidays
West India Quay	Not served by DLR trains from Bank towards Lewisham at peak times

Key to lines

- Bakerloo
- Central
- Circle
- District
- Hammersmith & City
- Jubilee
- Metropolitan
- Northern
- Piccadilly
- Victoria
- Waterloo & City
- DLR
- London Overground

This diagram is an evolution of the original design conceived in 1931 by Harry Beck
Correct at time of going to print, April 2011

te if calling
connection charge.
line providers may vary.

Travel information at stations
Help points

Transport for London

UNDERGROUND

倫敦地鐵路線圖

路線名稱	代表顏色	開通年份	路線類型	全長	行經區域
漢默史密斯及城市線 Hammersmith & City Line	粉色	1863年	淺層隧道	14公里	2、1、2、3、4
大都會線 Metropolitan Line	紫色	1863年	淺層隧道	67公里	6、5、4、3、2、1
區域線 District Line	綠色	1868年	淺層隧道	64公里	4、3、2、1、2、 3、4、5、6
倫敦地上鐵 London Overground	橘色	1869年	淺層隧道	8公里	2
環線 Circle Line	黃色	1884年	淺層隧道	22公里	1
北線 Northern Line	黑色	1890年	深層隧道	58公里	4、3、2、1、2、 3、4、5
滑鐵盧及城市線 Waterloo & City Line	藍綠	1898年	深層隧道	2公里	1
中央線 Central Line	紅色	1900年	深層隧道	74公里	6、5、4、3、2、 1、2、3、4、5、6
貝克魯線 Bakerloo Line	咖啡	1906年	深層隧道	23公里	5、4、3、2、1
皮卡迪利線 Piccadilly Line	深藍	1906年	深層隧道	71公里	6、5、4、3、2、 1、2、3、4、5
維多利亞線 Victoria Line	水藍	1969年	深層隧道	21公里	2、1、2、3
朱比利線 Jubilee Line	灰色	1979年	深層隧道	36公里	5、4、3、2、1、 2、3

資料來源：維基百科、百度百科

車票種類

1. **按區域**：分為第一區（zone 1）、第二區（zone 2）、第三區（zone 3）、第四區（zone 4）、第五區（zone 5）、第六區（zone 6）。知名景點多位在第一區，在單一區內移動票價相同，行經越多區，票價越高。
2. **按時間**：分為單次、一日、週末、一週、一個月、一年票使用票。
3. **按人數**：分為個人票、家庭票（1～2位大人加1～4位小孩可購買）和團體票（超過10位大人）。
4. **按年齡**：分為成人票、兒童票（5至15歲），5歲以下乘地鐵公車免費。

Ticket

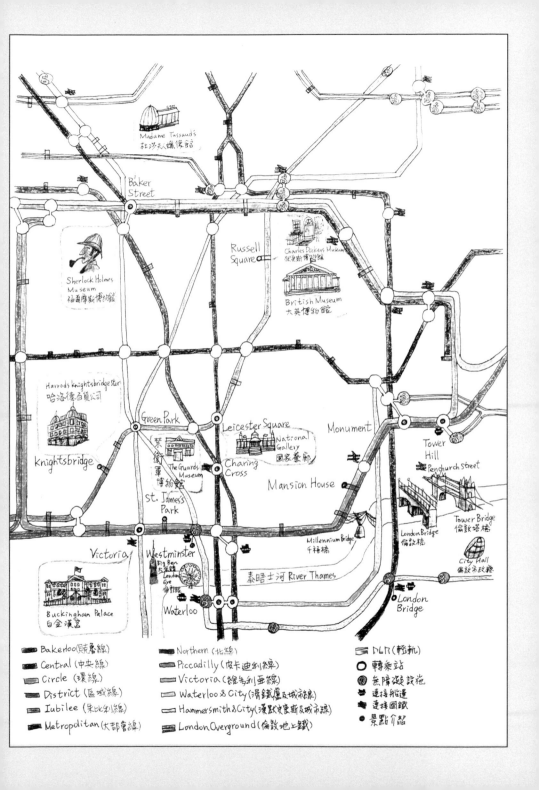

Madame Tussaud's
杜莎夫人蠟像館

Baker
Street

Russell
Square

Charles Dickens Museum
狄更斯博物館

Sherlock Holmes
Museum
福爾摩斯博物館

British Museum
大英博物館

Harrods knightsbridge ster.
哈洛德百貨公司

Green Park

Leicester Square

Monument

National
Gallery
國家畫廊

Tower
Hill

Knightsbridge

The Guards
Museum
禁衛軍博物館

Charing
Cross

Fenchurch street

St. James's
Park

Mansion House

Tower Bridge
倫敦塔橋

London Bridge
倫敦橋

Millennium Bridge
千禧橋

City Hall
倫敦市政廳

Victoria

Westminster

Big Ben
大笨鐘
London
Eye
倫敦眼

泰晤士河 River Thames

London
Bridge

Buckingham Palace
白金漢宮

Waterloo

Bakerloo (貝克魯線)

Northern (北線)

DLR (輕軌)

Central (中央線)

Piccadilly (皮卡迪利線)

轉乘站

Circle (環線)

Victoria (維多利亞線)

無障礙設施

District (區域線)

Waterloo & City (滑鐵盧及城市線)

連接船運

Jubilee (朱比利線)

Hammersmith & City (漢默史密斯及城市線)

連接國鐵

Metropolitan (大都會線)

London Overground (倫敦地上鐵)

景點介紹

哈洛德百貨公司　Harrods Knightsbridge Store

地　　址／87-135 Brompton Road, Knightsbridge, London
營業時間／星期一至六AM10：00～PM8：00、星期日AM11：30～PM6：00
前往方式／地鐵Knightsbridge站Brompton Road出口直達
官方網站／www.harrods.com
內文頁碼／P.55

杜莎夫人蠟像館　Harrods Knightsbridge Store

地　　址／Marylebone Road, London
營業時間／星期一至五AM10：30～PM：5：30、假日AM9：30～PM5：30
門票價格／成人28鎊、15歲以下24鎊（網路訂票可享優惠）
前往方式／地鐵Baker Street站步行三分鐘
官方網站／www.madame-tussauds.com/
內文頁碼／P.61

福爾摩斯博物館　Sherlock Holmes Museum

地　　址／239 Baker Street, London
開放時間／每日AM9：30～PM6：00
門票價格／成人6鎊、16歲以下4鎊
前往方式／地鐵Baker Street站Boots出口右轉沿貝克街步行
內文頁碼／P.62

白金漢宮　Buckingham Palace

地　　址／Buckingham Palace, London
衛兵換崗／五至七月每日AM11：30進行，其餘月份隔日進行。儀式全程約40分鐘，
　　　　　氣候不佳時暫停。
入內參觀／每年七至九月（詳細日期於官網公布）AM9：45～PM6：00
入內票價／成人14鎊、17歲以下8鎊、5歲以下免費（含語音導覽）
前往方式／地鐵Victoria與Green Park站，循指標均可到達。儘管Green Park站需多走
　　　　　幾步路，但途經景致優美的綠公園，若時間充足，強烈建議「捨近求遠」。
官方網站／www.royalcollection.org.uk/
內文頁碼／P.69

禁衛軍博物館　The Guards Museum

地　　址／Wellington Barracks, Birdcage Walk, London
開放時間／每日AM10：00～PM4：00
門票價格／成人4鎊（參觀紀念品店免費）
前往方式／地鐵St. James's Park站步行250公尺，由白金漢宮沿Spur Rd.至
Birdcage Walk左轉，不久即可見到博物館。
官方網站／www.theguardsmuseum.com/
內文頁碼／P.74

大英博物館　British Museum

地　　址／Great Russell Street, London
開放時間／每日AM10：00～PM5：30
門票價格／免費
前往方式／地鐵Russell Square（羅素廣場）、Holborn、Goodge Street、或Tottenham Court站，循指示步
　　　　　行10餘分即可到達。
官方網站／www.britishmuseum.co.uk
附　　註／鄰近英國文豪狄更斯（Charles Dickens）博物館，地址為48 Doughty Street, Camden Town,
　　　　　London，靠近地鐵Russell Square站。
內文頁碼／P.77

國家藝廊　National Gallery

地　　址／Trafalgar Square, London（特拉法加廣場北側）
開放時間／每日AM10：00～PM6：00（週三延長至PM9：00）
門票價格／免費，自由捐獻。
前往方式／地鐵Charing Cross或Leicester Square站，循指示步行5～7分鐘即可到達國家藝廊
　　　　　與比鄰的特拉法加廣場。
官方網站／www.nationalgallery.org.uk/
內文頁碼／P.82

倫敦眼　London Eye

地　　址／Riverside Building, County Hall, Westminster Bridge Rd, London
營業時間／每日AM10：00～PM9：30，國定假期、週末假日會關閉或更改時
　　　　　間，詳情請見官方網站。
門票價格／成人18.9鎊、4至15歲11.25鎊、4歲以下免費。若確定造訪日期，不
　　　　　妨先透過網站訂購票券，省下排隊時間。
前往方式／地鐵Westminster或Waterloo站，一出車站即可見到。
官方網站／www.londoneye.com/
內文頁碼／P.89

千禧橋　Millennium Bridge

前往方式／地鐵「Mansion House」站，循指示往泰晤士河方向，步行5分鐘即可到達。
內文頁碼／P.100

倫敦橋　London Bridge

前往方式／地鐵「London Bridge」或「Monument」站
內文頁碼／P.101

倫敦塔橋　Tower Bridge

前往方式／地鐵「Tower Hill」站
入內參觀／橋塔內設有收費博物館。
營業時間／夏季AM10：00～PM6：30、冬季AM9：30～PM6：00
官方網站／www.towerbridge.org.uk
內文頁碼／P.103

倫敦市政廳　City Hall

地　　址／Potters Fields, Camberwell, London
前往方式／地鐵「Tower Hill」站，循指標步行15分鐘（約0.6公里）。
官方網站／www.london.gov.uk/city-hall
內文頁碼／P.108

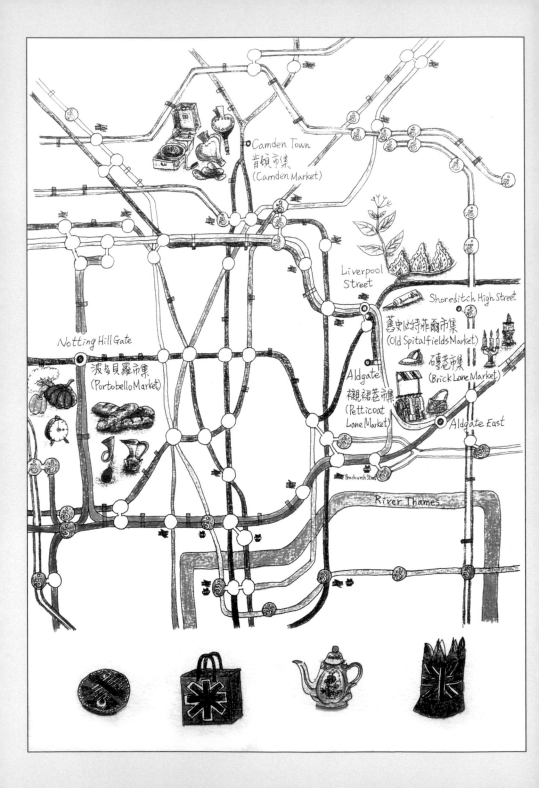

波多貝羅市集　Portobello Market

市集範圍／位於諾丁丘（Notting Hill）的波多貝羅市集，以波多貝羅路（Portobello Road）為主軸向四周蔓延。

營業時間／市集包括「一般市場」、「古董市場」與「小古玩、衣飾市場」三部分，開放日數不一。星期六為最佳造訪時機，幾乎所有攤位都在集中在波多貝羅路，遊客可由此一網打盡。

前往方式／地鐵「Notting Hill Gate」站右轉至波多貝羅路，即進入市集範圍（下坡路段）。擔心迷路的朋友不必煩惱，週末市集人流綿延，謹記「跟著人群走」箴言，就可輕鬆抵達。

內文頁碼／P.113

肯頓市集　Camden Market

市集範圍／歷史可追溯至十八世紀，鄰近的肯頓運河為當時肩負買賣商戶的水道重心，肯頓水門（Camden Lock）周邊逐漸形成商販聚集的場所，市集以主要道路肯頓高街（Camden High Street）為軸心向外發展。

營業時間／每日AM10：00～PM6：00（週末假日攤位最多，全年僅聖誕節休市）

前往方式／地鐵「Camden Town」站，步行五分鐘即進入市集範圍。

內文頁碼／P.122

襯裙巷市集　Petticoat Lane Market

市集範圍／由中性街、溫特沃斯街（Wentworth Street）向外擴散。

營業時間／每日AM9：00～PM2：00，平日僅在中性街至溫特沃斯街一帶，週末假日延伸至周邊街道，商品五花八門，攤位數破千。

前往方式／地鐵「Aldgate」或「Aldgate East」站步行5分鐘即可進入市集範圍。

內文頁碼／P.133

舊史必特菲爾市集
Old Spitalfields Market

地　　址／16 Horner Square, Spitalfields, London（在Commercial Street（商業街）上）

營業時間／每日AM9：30～5：30（週日特別精彩）

前往方式／地鐵「Liverpool Street」或「Aldgate East」站步行5分鐘即可到達。

官方網站／www.oldspitalfieldsmarket.com/

內文頁碼／P.137

磚巷市集　Brick Lane Market

市集範圍／由磚巷向外擴散

營業時間／週日AM9：00～PM5：00

前往方式／地鐵「Shoreditch High Street」或「Aldgate East」站，步行5分鐘即可進入市集範圍。

內文頁碼／P.141

倫敦一手觀察

LONDON

倫敦一手觀察

提到英國，怎能忘記倫敦塔橋！

1_英國古典氣質建築代表——國會大廈
2_一種英文，百種說法
3_練英文？懇請放過沉默衛兵哥

顛覆印象初體驗

未到倫敦前，想像滿街都是穿著名牌的紳士淑女，從容穿梭在古意盎然的霧都街頭，開口就是字正腔圓的純正英語，言行舉止一派端莊優雅。待真正踏上英倫土地，快速竄耳的南腔北調、貼心禮讓的行車文化、外冷內熱的上班人流……一切都和「心目中的小英」截然不同，這才驚覺倫敦百變多樣的另一面！

這是我們學的英文？

旅行期間，耳邊充斥串串英文對話，感覺就像參加大型空中英語教室派對，徹底淪陷在ABC世界。只是，豎直耳朵一聽，這些自唇間飛快流竄的語詞組合，與「口齒清晰」的英語教師天差地遠，辨識率遠遠低於想像，不禁疑惑：「這是我們學的英文嗎？」

任意穿越馬路的率性行人

談起當地多樣化的發音和文法模式，留英多年的親人提出一套頗
具學理的解釋，讓一度摸不著頭腦的我，不再自責書到用時方恨
少。她表示，即便倫敦一處也存在相當的語言使用差異，例如：r
不捲舌的英式特色，部分地區h不發音的口語習慣……因此內行人
單憑一句話，就能窺知眼前男女的出生地、家庭背景、社會階級
等全盤底細。知名女星奧黛麗・赫本（Audrey Hepburn，1929～
1993）主演、改編自蕭伯納舞台劇〈賣花女〉的〈窈窕淑女〉
（My Fair Lady，1964），就是善用這項語言趣味的經典名作。

不過，「菜英文」的朋友在英國旅遊也毋需擔心，因為就算「聽嘸」也沒關係，只需面帶笑容搖頭，多數在地人都會不厭其煩反覆說明，配合世界通用的比手畫腳，十有八九「有溝有通」。人在異地，最忌像初來乍到的粟子小姐，害羞又好面子，腦內練習半天，臨場上陣竟聽說失調，費時費力又費神，最後還是苦了自己！

行人我最大

在倫敦，不論是機械控制或行人手動的交通號誌，總有人不耐短暫等待，左顧右盼跨越馬路。恣意而為的超高頻率，讓在家鄉偶爾違規的我，都覺得有些過火。有時候，不到一分鐘便可「合法且安全」漫步到對街，大伙仍不顧紅燈阻攔，前仆後繼向前衝，和想像中非常守規矩的英國人搭不上邊。

不同於我行我素的路人，大小車輛都非常遵守交通規則，不僅闖紅燈者微乎其微，即使燈號轉換，也會貼心禮讓走路較慢的長者。哪怕沒有紅綠燈的路口，只要有人作勢橫越，疾駛而來的車輛也會毫不遲疑急踩煞車，附贈「請小心」的溫柔目光守護，風度令人折服。

貼心的手動切換號誌

想助人？不用找電話亭變身超人，掏零錢就OK！

另一種丟了就跑

包羅萬象的國際大都市，仍可見流離失所的街友，不修邊幅的外型、蓋著厚重的毯子，眼神迷茫蹲坐騎樓，與身旁精品店的型男貴婦形成強烈對比。沒有伸手渴望的哀求姿態，倫敦Homeless多屬個性派，或神情漠然坐在路旁，或擠在店與店間的夾縫中取暖，前方放個小盒子，作為善心人給予幫助的窗口。

本以為撲克臉的倫敦客，不屬慷慨解囊型，但事實卻出乎意料……穿著整齊入時的上班族，看到需要關懷的同胞，會先低調往該處移動，在最接近小盒子的剎那扔下銅板，再一聲不響離

去。據粟家母女日日觀察，使用上述捐獻步驟的大有人在，面冷不等於心冷，確是「知人知面不知心」的另類例證。

從旅社往地鐵站途中，總遇到一位緊抱白花中型犬、坐在街邊的中年婦女。她面前放著一個塑膠熱狗，下面夾著一張紙，密密麻麻的文字已經斑駁，只知道曾有過一段非常痛苦的往昔。清晨到黃昏，只要經過那裡，就會看到這對相依為命的組合，他倆除了偶爾起身活動筋骨，就是窩作一團取暖。起初，我覺得小白無辜、主人也辛苦，在逼近零度的傍晚瑟縮街角，過著今日不知明日的徬徨日子。只是轉個念頭，看似熱鬧卻疏離的大都市裡，有個不離不棄的伴侶，內心溫暖或許不輸穿著華服的孤單身影。

相依相偎的好伙伴

難得站在倫敦街頭，卻難逃內急困擾！

內急？就這麼辦吧！

出門在外，最煩惱莫過「憋」，自助跑遍大江南北，經歷多次姐姐驚嚇的粟媽語重心長：「有乾淨的就快去！」來到生活品質相對較高的倫敦，上廁所仍是需要時刻注意關心的人生大事。想享受沒有生理壓力的順暢行程，別錯過以下刻骨銘心的經驗談唷！

一般而言，英國旅遊區、車站的公廁都有收費習慣，金額在25、30、50便士（折合新台幣15～25元）間，門口通常坐著一位慈祥大嬸，面帶笑容歡迎貴客臨門。基於使用者付費精神，以口袋的零星銅板換取乾淨無異味的如廁體驗，可謂你情我願。不過，對精打細算的旅行者而言（如粟爸這類節儉背包客），還是不免有聚沙成塔的浪費顧慮。

具古典風情的機械式自助公廁

除常見的人工收費，部分熱鬧街頭亦安置投幣的機械式自助公廁，本以為輕鬆簡單付錢了事，沒想到卻釀成雙親口中「不知如何沖水」的奇妙軼事。話說爹娘在九〇年代初首度造訪倫敦，壓根沒見過這種無人管理的WC，基於好奇決定一試。隨著錢幣投入，緊閉鐵門應聲打開，迅速完成全套動作，卻怎麼也找不到沖水按鈕。「這下怎麼辦？」粟媽急如熱鍋螞蟻，實在無計可施，只得硬著頭皮關門離開。意想不到的是，裡面傳來一陣唏哩嘩啦的水聲，原來「關門」正是機械式廁所沖水感應的關鍵，目的在杜絕遊客「一人投幣，十人享受」的省錢妙招。

聽完往事，更燃起我對「高科技廁所」的好奇，付出所費不貲的50便士，進入造型古典的機械式廁所，展開自助初體驗。半圓形的鋁門自動滑開，洗手台、烘手機等設備一應俱全，裡面雖不如想像中乾淨（畢竟不像人工收費的廁所，時時有微笑大嬸負責清潔），卻多了無人打擾的寧靜感。

切記光顧商場免費廁所

這裡要收錢、那裡要投幣，不想傷荷包的朋友應該如何是好？充分利用博物館、速食店是解決難題的不二法門。由於上述地方都有專人維護，往往保持得乾淨非常，有時更勝機械式公廁。最後，不妨養成看到免費廁所就光顧的良好習慣，因為有些占地廣闊或稍嫌偏僻的景點，即便捨得花錢，也無法立即找到供您解放的福地！

肯頓市集內的龐克風招牌

不只是廣告！獨特招牌巡禮

人潮擁擠的街邊，緊密綿延的廣告招牌是每日睜開眼睛的必見風景，坦白說，只有幾間匠心獨具的能成功吸引路人，其餘皆難逃「過目就忘」的命運。其實，招牌不是寫得大、架得高就算功德圓滿，還需擁有與眾不同的魅力，巧妙搭配販賣商品，傳達商家長久經營的願望。相較台灣的參差林立，英國各地的招牌顯得輕巧可愛，它們也許沒有數公里外一目了然的氣魄，但當你靠近時，絕會忍不住按下快門，保存專屬眼前別出心裁的美麗一刻。

繪製和店名相符的圖案，是最常見的呈現方式，例如：取名「Royal Oak」的商店就直接將金幣和橡樹結合，而「The Porcupine」、「Elephants」和「The Cricketers」也毫無疑

用豪豬、大象及板球員的圖像，契合程度百分百。不過，以店鋪名稱為靈感的「偷吃步」，存在必然的先天缺憾，即單看這些招牌，實在沒法聯想店內到底賣的是什麼貨！

儘管英國人常和拘謹劃上等號，卻能由此一睹「豆豆先生」式的幽默感。以一間名為「Prince Charles」的電影院為例，連續三張普普風的搞笑版查理王子，成功利用形象反差製造「笑果」，讓原本不起眼的「老王子」，吸睛指數陡增N倍。

倫敦近郊的著名景點，也存在極具地方特色的獨門樣式。以劍橋大學聞名於世的劍橋

1_以劍橋大學盾徽為招牌的劍橋書局
2_格林威治市場

老查理本人可愛許多的電影院招牌

（Cambridge），市中心設有專門銷售該大學出版品的書店，招牌就採用大學校徽，洋溢豐沛書卷氣。至於耳熟能詳的格林威治（Greenwich），市場招牌則為時鐘造型，展現當地作為「本初子午線基準」的世界級地位。

來去匆匆的觀光客，低頭狂走都來不及，哪有閒情抬頭「東張西望」，遑論品味商店招牌？其實，旅行不只是「做功課」、累積「去過了」的勳章⋯⋯走訪景點固然重要，一些有趣新奇的體驗往往在意想不到處萌芽，各式各樣的精緻招牌，就是此次旅行的新發現。有機會前往英國、歐洲的朋友，不妨偶爾停下腳步，欣賞店家費心琢磨設計的「一塊苦心」！

到處是刺刺！小心屁屁遭殃

氣質 優雅的倫敦，竟然處處可見傷臀暗器？奔走市區，常見精心設計的「擋屁屁」機關，從圍牆、露台到百貨公司櫥窗，均能目睹「刺刺」的神祕芳蹤。無論是遨翔天際的飛禽，還是繁忙奔走的路人，都是「刺刺大軍」的對抗目標，人類會意快閃、鳥類精明避開，就怕誤中戳戳陷阱！想歇腿休息？別忘了回頭多看一眼，否則難保不被精心布置的「人工刺刺」所傷！

阻擋遊客臀部的「刺刺」，通常出現在要求高度整齊觀瞻的公眾場合，如：鄰近白金漢宮的聖詹姆斯公園（St. James's Park）、高級百貨雲集的Knightsbridge街頭，就會見到它的蹤影。外型

鋼鐵刺刺，坐上去還得了！

不只怕人爬、更防鳥歇腿

狠勁十足的金屬機關，實際也發揮預期功效，沒有恣意蹲坐的雜亂，行人步道、公園裡外都是清清爽爽。

防堵腿酸人類之餘，遍布倫敦街頭的飛禽，更是「刺刺」的頭號敵手。雖說「數大便是美」，但對在市區生活的居民而言，成群結隊的鴿子大軍已明顯威脅正常生活。除從天而降的「黃金」，停在電線電纜時暗藏的短路危機，更是防不勝防。為解決上述問題，相關機構選擇在不希望鳥朋友駐足的位置裝設鐵網，藉此阻擋牠們在此休息與排泄，減少誤觸電線的可能。受到愛護動物的氛圍影響，部分地區將金屬「刺刺」改為塑膠材質，以溫和方式阻擋飛禽落腳，可謂功能人道兼具。

刺刺窗台，當心小手！

1_劍橋大學也有刺刺，讀書人
嚴禁爬牆!?
2_機場窗台的塑膠材質刺刺，
防鳥之餘不忘愛護動物

沒刺的代價——滿頂大開鳥派對

妙的是，儘管設計「刺刺」機關的人已堪稱深思熟慮，最終還是趕不及鳥精明。以地鐵鐵軌的電纜為例，仍不時看到鴿子三三兩兩在布滿刺鐵絲的電線上卡位，勝利者一派輕鬆理毛打盹，就像訓練有術的走鋼索高手，來回穿梭自如。行之有年的「刺刺」絕招效力日漸減退，我防堵、你破解，看來這場倫敦上演的人鳥大戰還有得拼！

窺探英式地鐵文化

交通建設四通八達的倫敦，搭乘地鐵可謂最簡單便捷的選擇，錯綜複雜的路線、繁忙擁擠的月台，最怕等車的我不禁大樂：「這下總算否極泰來！」只是到了現場，班班緊密的車次，藍線、紅線、咖啡線……一會兒藍轉綠轉黃、一會兒灰轉紫轉黑，讓只停留幾天的觀光客眼花撩亂、應接不暇。「原來車多也有煩惱！」身陷上班族人龍的粟家，前後左右都是奔忙身影，連停下腳步、喘口氣的空間都沒有！

粟子小百科

倫敦地鐵（Tube）於1863年通車，是全球最古老的地鐵系統。目前地鐵由市區向市郊依距離遠近分成六區（zone），涵蓋十二條按顏色區分的主要路線，每條線有東西或南北雙向，大部分觀光景點分布在zone 1，希斯路機場（London Heathrow Airport）則位於zone 6。各地鐵站均放置「Tube Map」路線圖和購票優惠（單日票、三日票、一週票等）訊息供旅客免費索取。

很有英國味的懷舊巴士

1_與巴士同款的鑰匙鍊
2_地鐵站標誌

十九世紀開始運作的倫敦地鐵，是當地人與自助客最仰賴的通勤工具，即使2005年的地鐵恐怖攻擊事件一度蒙上陰影，但其兼具便利、迅速、平價的優點，仍令精打細算的庶民百姓趨之若鶩。人手一張「Tube Map」的粟家，從第一天的不知所措到十餘天後的老神在在，地鐵文化就在不斷累積的經驗中萌芽。想讓同遊倫敦的友人大讚「您真內行」？別錯過下列經驗談唷！

Transport for London
London Underground

Carnet

Great savings on 10 single tickets for Zone 1

Available from larger self service
ticket machines or ticket offices
by cash, debit or credit card
Valid 12 months

MAYOR
OF LONDON

Tube Zone 1

V Please note
Passengers joining
the Tube from DLR or
National Rail services
at these stations will need
to use the Carnet validators
located on the platforms or
entry points to the Tube.
T Special arrangements
apply for journeys by Thameslink
services - see overleaf.

24 hour travel information
020 7222 1234

1_涵蓋「zones 1」範圍的旅遊交通卡套票
2_功能類似台北悠遊卡的牡蠣卡
3_地鐵族必備祕笈——Tube Map

車票篇

除最基本的單程車票,倫敦地鐵也發行多
種適合外國遊客選用的「旅遊交通卡」
(Travel Card)。交通卡按時效分為一日
(One Day)、三日(Three Day)、週末
(Weekend)、一週(Weekly、7 Day),
有效期限不同之餘,所能通行的區域也有差
異,例如:「zones 1」、「zones 1~2」、
「zones 1~4」、「zones 1~6」等,天數
越長、範圍越大、價錢就越高。以市區觀光為
例,購買「zones 1」已非常足夠,據會計專
長的粟媽精算,一日乘坐五趟就可回本。

列車進站囉！

出發前決定大量使用「Travel Card」，到當地卻發現更實用便利的「Oyster Card」（直譯：牡蠣卡）塑膠票。這項2003年啟用的電子收費系統，十分類似台北捷運悠遊卡（一說牡蠣卡的概念源自香港八達通卡），同樣享有地鐵、巴士有車即上、一刷即過的快意。除此之外，牡蠣卡同樣可享票價折扣，一趟車平均省下

數十便士到2鎊，隨後更推出「預付車費封頂」（Top up）制度，即一天內用「Oyster Card」支付的所有車費將不會高於「Travel Card」單日票的價格，優點多多，著實不用可惜。

> 粟子經驗談：倫敦各車站多採榮譽經營、很少驗票，不過一旦「東窗事發」，就得有賠好幾倍的心理準備。粟家曾在巴士上巧遇嘻哈風查票小哥，由於使用牡蠣卡無法確認是否扣款，而被要求出示「儲值收據」為佐證，本想丟掉的「小破紙」意外立大功，否則真成口說無憑。建議各位無論儲值或購買任何票券時，務必保存收據存根，以備不時之需。

購票篇

地鐵站設內有「自動販賣機」與「人工售票口」，一般而言，通勤族與識途老馬往往選擇速度較快的前者，訓練有素的後者，則專門應付疑難雜症。「人工售票口」總處在忙碌狀態，需購買旅遊交通卡、月票或相關諮詢的乘客都會來此。據粟家母女觀察，售票員往往是「說超快英式英語」的男性壯漢，聽完乘客需求，立即將所需票券金額顯示在收銀機銀幕，不多說一句廢話，效率奇佳。

有趣的是，講求迅速確實的交易過程中，卻有一項令我們深感困惑的「one by one」作業程序——無論對方買幾張票，都要一張一張算錢，不能加總金額一併給付。如此，一張2鎊的票買三張，就得重複「付錢→取票→找零」動作三趟，無形中減慢服務速度。好險壯漢們各個手腳俐落，只是難道他們沒背九九乘法表？

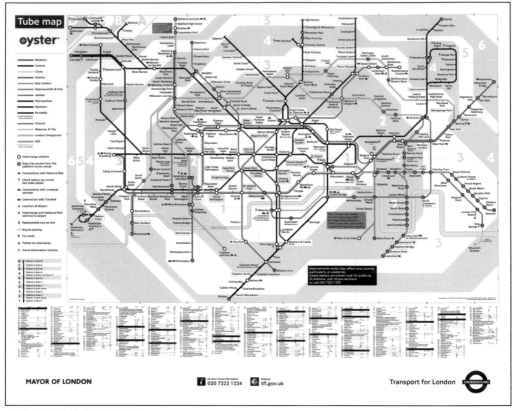

網路綿密的倫敦地鐵系統

　　這樣的設計無非希望減少錯誤，但既有收銀機，何苦捨棄電腦計算，堅持固守「one by one」原則。

　　粟子經驗談：習慣故鄉的「聰明結帳法」，到以「免錯老實法」掛帥的倫敦，肯定頭殼摸著燒！首先，收銀員找零時會以加法複誦一遍，例如：購買34鎊70便士的商品，付給收銀員50鎊，他就會把找錢「30便士、5鎊、10鎊」依序放在你的手心，口中同時念著：「35（34鎊70便士＋30便士）、40（35鎊＋5鎊）、50（40鎊＋10鎊）！」其次，若想免找零錢而付54鎊70便士，他就會拿著50鎊的鈔票說：

「That's enough！」然後「自作聰明」退回4
鎊70便士，再重複上述的找零戲碼。由於接
觸的收銀員都很堅持這套作法，使錢包裡的
便士越買越多，無奈只好分裝成1鎊一捆，才
能在下次購物時順利花掉。

動線篇

網絡綿密的地鐵站內，幾乎站站都可轉乘，導致
到處都是竄來竄去的人潮。相較徬徨無助的觀光
客，上班族彷彿內建衛星導航，令我想起自己在台
北捷運的自信英姿。和熟悉的標明「下一站」及
「終點站」指示方式不同，倫敦地鐵是以「東西
向」、「南北向」為依據。和我一樣不習慣「東西
南北」辨位的朋友，也不必擔心，只需拿出「Tube
Map」，以自己所在車站為中心，十字畫出四個區
塊，再檢視欲前往車站的相對位置，就能順利找到
乘車月台。附帶一提，地鐵內時時擁擠，最好隨時
注意同行友人是否全數跟上，別讓快樂旅程在「找
與被找」中虛度。

腿力篇

常時間在「zone 1」趴趴走的粟家，深深體會地鐵

1_旅社所在的地鐵「Gloucester Road」站
2_站站皆有深達數層樓的手扶電梯

站挖得有多大、鑽得有多深⋯⋯「沒電梯！也沒電動手扶梯！」無論轉乘或離開，猶如登天的樓梯總逼得我臉色蒼白、搖頭嘆息。實際上，人流最豐的「zone 1」為容納足夠的月台、軌道而越蓋越接近地心，考量空間、資金等因素，部分垂直距離稍短或使用乘客稍少的就只有樓梯相送。

寫到這，腦海浮現旅館所在、日日必走的「Gloucester Road」地鐵站，位於地下一層、並用軌道的「Circle」、「District」兩線就沒有電梯。雖然只是短短數十階，仍令在外奔走一天的我大呼「沒良心」。至於另一條自希斯路機場開出的「Piccadilly」線，月台深達地下三層，好險除了讓人爬到頭暈眼花的螺旋鐵梯（感覺在消防隊才會見到），還有一個專門來往於月台和地面的專用貼心電梯，容量大、速度快，不出幾分鐘就能成功疏散大批乘客。

週末清晨，難得車廂冷清清！

車廂篇

倫敦地鐵車體是符合隧道弧形曲線的半橢圓形，內裝色系偏暗，座位以兩側相對居多。正因為是全世界最老的系統，部分車廂難免飄散「古早味」，對習慣新系統的外國人，別有一番老趣味。至於乘車品質，這裡加速快、運行穩，僅偶爾為行車調度而暫停。面對突如其來的停頓，小英們再度發揮「泰山崩於前面不改色」的冷靜天性，一派氣定神閒，假寐的假寐、發呆的發呆，讓摸不著頭腦的老外安心不少。

半開放式的地鐵月台

古典豪華的科物浦車站

最後，和全世界的捷運族類似，乘客多以打盹、看書度過乘車時光。車廂座椅旁常放著一堆堆報紙，上車隨手拿起身旁的報紙猛翻，下車再疊成A4大小放回原處，形成別具特色的分享默契。

倫敦市區的地鐵結構非常完整，重要觀光景點包括：大英博物館、白金漢宮、倫敦眼、西敏宮、倫敦塔橋等，都能經此到達。然而，大眾運輸工具自然有其治安盲點，無論是狹窄月台或人多車廂，尖峰時間蠢蠢欲動的扒手或離峰時間伺機而動的搶匪，都是觀光客需要小心注意的危機，畢竟多一分提防就能少一分懊悔！

買衣服可退稅，火辣的也OK？

退稅DIY

身為一等一「大福神」，此番來到英國，更添一項選購大尺碼服飾的重要任務。愛女心切的雙親利用傍晚時間，四處奔走，找到一間「可立即索取退稅單」且「款式極具英國風」的大型連鎖服飾店。在兩人催促下，我反覆穿脫動作近40分鐘，氣喘吁吁的痛苦，這才體會「麻豆」不是人人能當！

心滿意足將戰利品放在櫃台，完成結帳動作，再持帳單到退稅服務台辦理。未料，昨天滿口「No problem」的光頭小哥一臉不好

要退稅，把單據繳至機場櫃台即可

意思，因為電腦當機，沒法列印「退稅單」。接下來的時間，我們在小哥的指引下東奔西跑尋找可開退稅單、位在同區的連鎖店。來來回回跑了好幾趟，卻是「他說有、我們找嘸」，最終仍得等到第二天電腦修復⋯⋯

忘卻索取退稅單的意外波折，英國的退稅手續可謂十分簡便。旅客只需將店家提供的退稅單填妥，勾選以現金或信用卡收取退稅款，再將單據放入同樣由店家提供的「退稅專用信封」。離境前，把「退稅單與專用信封」連同「護照」、「購買商品」交給機場負責退稅業務的櫃台檢查，完成核對後，審查人員會將退稅單放入信封中彌封，再由旅客自行丟入一旁的郵筒即可。

若擔心機場退稅時間緊迫，倫敦市區也有提供退稅服務的旅遊中心，同樣可持「退稅單」、「購買商品」與「護照」

栗子小百科

在英國單一店家購買服飾、電器等超過30鎊（規定因店而異，有的為50
甚至100鎊，購物前請先詢問清楚）就可享有10～15％的退稅優惠。倫
敦市區的遊客中心BLVC亦接受退稅業務，計畫提前辦理退稅的朋友，可
至該處直接辦理。

到該處領取退款。值得注意的是，在市區完成退稅者，離境時仍
須將「完成退稅手續單」交至機場內的退稅櫃台。如果沒有完成
最後一道手續，即便已拿到現金退稅，日後還是會從您的信用卡
（加收稅金1.5倍）扣回來。

英國旅遊中心

（Britain & London Visitor Centre，簡稱BLVC）

地　　址／1 Regent Street, London, SW1Y 4XT
　　　　　（全英國最大旅遊中心）
簡　　介／提供詳盡倫敦旅遊資料、英國各省旅遊資訊，遊客可即
　　　　　時策劃旅遊行程。
前往方式／地鐵「Piccadilly Circus」站，直走Regent Street兩分
　　　　　鐘即可到達。
官方網站／www.visitbritain.hk/zh/（中文繁體版）
電子信箱／hongkong@visitbritain.org
臉書帳號／VisitBritain-英國旅遊局

LONDON

漫遊倫敦景點

+

漫遊倫敦景點

外英國、內埃及的哈洛德百貨公司

逛哈洛德，怎能忘記黛安娜！

倫敦景點多如牛毛，卻有間百貨公司非去不可？別懷疑，歷史悠久的哈洛德百貨，絕對是觀光客必定造訪的朝聖地。號稱最高檔的哈洛德，和強調新穎摩登的同業大異其趣，她以古典華麗的古蹟建築獨步市場，內部精心打造的埃及風情裝潢，精心陳列蒐羅來自世界各地的頂級商品。不只有金碧輝煌的貴族氣息，哈洛德更在二十世紀末增添超級魅力——前百貨少東多迪（Dodi Fayed）與黛妃的未了情緣。

這位眉宇間透露清純靦腆氣質，致力推動國際公益活動的王妃，用自己孤獨淒涼的痛楚婚姻，見證王室愛情不似童話般幸福完美。想體驗英式貴婦生活，同時品嚐戴安娜璀璨苦澀的王妃人生？來哈洛德準沒錯！

哈洛德百貨公司（Harrods Knightsbridge Store）

地　　址／87 135 Brompton Road, Knightsbridge, London
營業時間／星期一至六AM10：00～PM8：00
　　　　　星期日AM11：30～PM6：00
前往方式／地鐵Knightsbridge站Brompton Road出口直達
官方網站／www.harrods.com

哈洛德的古典櫥窗內展示新穎豪華的F1賽車

埃及風蔓延

哈洛德百貨有別於英式古典的外部建築，埃及富商阿法
耶茲（Mohamed Al Fayed）接手後，內裝盡是故鄉特
色。各層以金黃色為主體，搭配暖色燈光，顧客漫遊其
中猶如置身華麗金字塔。不僅如此，哈洛德的隔間對比
今日講求寬敞舒適的新穎設計顯得窄小，時時擁擠的人
潮與嘎嘎作響的木質地板，都是這座「百貨古蹟」跨越
三個世紀的明證，宣示她無可取代的歷史地位。

粟子小百科

哈洛德的前身為開幕於1834年的批發雜貨店，憑著完美服務及優質貨品逐漸發展成地下一層、地上六層，同時擁有超過三百個部門、四千名員工的大型百貨公司。1985年，哈洛德百貨被埃及富商阿法耶茲家族買下，成為第四代經營者。2010年中旬，阿法耶茲宣布退休，選擇將公司出售，為長達四分之一世紀的「埃及統治時期」劃下句點。

擁有許多「第一」的英國，在哈洛德百貨內也隱藏著一項對血拼人士貢獻卓著的創舉——世界第一座電動手扶梯。有趣的是，這項誕生於1898年的便利發明，初面市時引起不小騷動，為抒解搭乘者的緊張情緒，還在「登梯口」貼心提供白蘭地酒！

哈洛德附近遊人如織

哈洛德博物館

除了「高齡」，哈洛德的「昂貴」更堪稱一絕。這項不利平民百姓的噩耗，出發前就早有耳聞，一如粟媽形容：「根本是哈洛德博物館！」雖沒貴到一樣買不起，但鮮少折扣的高消費，還是令精打細算的老百姓卻步。基於一分錢一分貨原理，價錢高勢必代表品質好，很難判斷賣主是否「盜亦無道」。只是，以粟家慣用的OB牌電動牙刷為例，台灣量販店售價竟是同款商品在這裡的一半不到，見微知著，最高檔的哈洛德確是名符其實的「高貴也貴」！

哈洛德「博物館」正門

哈洛德百貨商品齊全，從高檔服飾、名牌皮包、高級寢具、運動用品到巧克力、起司應有盡有，不妨斟酌需求購買。恰如其分的荷包出血，不僅為自己的哈洛德足跡增添實體記憶，還可拎著「Harrods」的紙袋虛榮一下。

1997年八月，多迪與黛妃在法國車禍過世，對失去兒子的阿法耶茲而言，無疑是最沉重打擊。他質疑意外背後的陰謀之餘，更在自家百貨地下一層設置紀念碑，供往來遊客憑弔。2005年，名為「無辜的受害者」的銅像豎立在第三道門旁的手扶梯間，形象為兩人在沙灘漫舞、身旁伴隨信天翁（隱喻聖靈）的情景。哈洛德百貨與黛妃魅力的交互作用，即便在事故發生十餘年的今日，依舊吸引絡繹不絕的關注目光。

1_老法特意設立的「無辜的受害者」銅像
2_小法與黛妃的憑弔區

媽啊！綠巨人浩克來了！

近距離接觸威廉王子，不是夢！

女神卡卡、貝克漢夫婦、布萊德彼特、瑪麗蓮夢露、英國皇室成員、美國總統林肯……大人物無論生死，升斗小民皆難有面對面的機會，遑論與他們打情罵俏！幸運如我，不僅可以摸到威廉王子，被綠巨人浩克招，還和拆夥多年的披頭四稱兄道弟，不可思議的夢想成真，全來自杜莎夫人蠟像館團隊的巧手打造。

福爾摩斯是正主

尚未踏進杜莎夫人蠟像館，先被Baker Street站內貼滿的福爾摩

1_地鐵「Baker Street」站內
　盡是福爾摩斯小磁磚
2_爹媽與大偵探銅像合照

斯側面小磁磚吸引。裝飾創意其來有自，畢竟提起貝克街，喜愛偵探小說的同好百分百會聯想到柯南·道爾筆下的夏洛克·福爾摩斯。走出地鐵站，立即見到大偵探姿態瀟灑的銅像；在周邊紀念品店血拼，包裹的也是印有福爾摩斯肖像的紙袋──戴禮帽、含菸斗的翩翩身影聞名世界，當地人哪有不借題發揮、大發利市的道理！

明知福爾摩斯純屬虛構，仍有許多粉絲抱著朝聖心情到此一遊，尤其是位在「貝克街221b號」的福爾摩斯自宅，早年常有跋山涉水而來的小說迷敗興而歸。為滿足大批書迷的願望，福爾摩斯博物館於1990年在貝克街成立，館內陳設都參考小說情節，鉅細靡遺的用心程度，更添福爾摩斯故居的真實性。

杜莎夫人蠟像館（Madame Tussaud's）
地　　　址／Marylebone Road, London
營業時間／星期一至五AM10：30～PM．5：30
　　　　　假日AM9：30～PM5：30
門票價格／成人28鎊、十五歲以下24鎊（網路訂票可享優惠）
前往方式／地鐵Baker Street站步行三分鐘
官方網站／www.madame-tussauds.com

福爾摩斯博物館（Sherlock Holmes Museum）

地　　　址／239 Baker Street, London
營業時間／每日AM9：30～PM6：00
門票價格／成人6鎊、十六歲以下4鎊
前往方式／地鐵Baker Street站Boots出口右轉沿貝克街步行

傳說中的搖滾之神──貓王

乖乖排隊少不了

由地鐵站出發，循指示步行三分鐘，就可抵達杜莎夫人蠟像館。能省則省的粟爸，前次造訪倫敦就已入內參觀，加上門票太貴，決定利用時間到附近溜達，陪伴肉腳女兒的任務就落在娘親身上。「沒什麼人，兩個小時足夠！」三人約定見面時間與地點，隨即分頭衝刺⋯⋯人算不如天算，通過門口的安檢柵門，眼前不是想像中的賣票櫃檯，而是落落長、蝸速前進的購票人龍！

為消磨漫長的等待，電視強播放的炫目短片成為視覺焦點，從蠟像製作過程到星光閃耀的揭幕儀式，一趟趟不斷放送。出乎意料的排隊考驗，擠在身旁的對岸同胞明顯樂在其中：「這是拳王、

那是麥當娜！」年輕男女難得的歐遊假期，隨時處在Natural High狀態。碎步持續三十分鐘，總算接近售票口，只見負責賣票的工作人員臉上盡是樂在其中的悠哉笑容，推銷昂貴的指引手冊之餘，還在百忙中指引迷路小孩，時不時咬耳朵交換意見……無所不管的服務態度，正是大排長龍的始作俑者。

粟子經驗談：蠟像館提供線上預約購票服務，不僅免去現場排隊的痛苦，還可享受折扣，詳情請見官方網站。

血淋淋競技場

依循指標搭乘電梯，門一開，立即被萬千閃光襲擊，一償眾星拱月滋味。往前走，數十個幾可亂真的明星蠟像，隨機分布在亮麗奪目的舞台四周。柯林法洛、羅比威廉斯、貝克漢夫婦……大明星排排站，愛怎麼拍就怎麼拍。在商言商的蠟像館向來「勢利」，二十年前曾到此一遊的粟媽不禁感嘆：「那時看到的，不知熔到哪一國去了！」眼前的陳列品與記憶裡截然不同，當時最紅火的黛妃世紀婚禮、網球火爆浪子John Mcenroe早已不知去向。

杜莎夫人蠟像館絕對是走紅程度風向球，例如：相擁的小貝和高貴辣妹維多莉亞近年始終是眾人焦點，恩恩愛

1_小布與裘莉，活脫脫「只見新人笑」！
2_超熱門的小貝夫妻檔
3_瑪麗蓮夢露最出名的招牌姿態

1_威廉死會後，躍升皇室第一單身漢
 的哈利王子
2_親切和藹又帥氣的舞台秀歌手

愛的布萊德彼特、安潔莉納裘莉和哀怨而立的珍妮佛安妮斯頓形成強烈對比，至於曾經權傾一時的歷史人物——同遭暗殺命運的老美國總統林肯、甘乃迪，只能勉強保有一席之地。常說演藝圈、政治界最現實，杜莎夫人團隊似乎更勝於此，公眾人物想知道自己有無「造假」價值？蠟像館最能見真章！

名人蠟像的盡頭，是熱鬧非凡的Live Show表演，難道杜莎夫人跨行舉行選秀會!?原來這是模仿英版星光大道的實境舞台秀，除了唱歌的是真人，坐在台下的清一色是播放毒舌錄音的評審蠟像。表演者是位俊俏但不知名的陽光歌手，「既然來了當然要值回票價！」粟媽二話不說邀請合照，尚未走紅素人的含笑應允，比起冷冰冰的大明星蠟像，青春洋溢的活人似乎更有魅力！

粟子經驗談：儘管蠟像動也不動，拍照遊客卻是絡繹非常，為免與偶像失之交臂，千萬得將「眼明手快、認真卡位」牢記腦海。如威廉、哈利王子一類超熱門偶像，館方會安排專人攝影服務，即遊客依序排隊走到蠟像身旁，專業攝影師就會按下快門，完成後遞給號碼牌，結束參觀時就可到櫃台銀幕欣賞成果，同時決定

是否購買。由於「紀念照」收費頗高（記憶中為5鎊），精打細算的朋友不妨趁在蠟像身邊時，請同行親友側拍，既能與威廉王子多相處片刻，亦可省去一筆剝皮費用。

真的很恐怖的恐怖屋

假鬼恐怖？與一堆作古領袖為伍也頗陰森！

揮別目眩神迷的Live Show，順著樓梯往下，竟在轉角巧遇一群被嚇到歇斯底里的少年郎。難道是可怕蠟像復活？No！是由真人演出，超乎想像的頂級恐怖屋（The Chamber of Horrors）！從踏入黑漆漆房間的那一刻起，陰森鬼魅氣氛瞬間繚繞，全身冒出無數雞皮疙瘩，「叫我們不要碰裡面的『鬼演員』，他不要碰我才是真！」看著告示牌，打從心底相信「人嚇人、嚇死人」的箴言。

恐怖屋徹底發揮鬼屋精髓，忽明忽暗的燈光、突然衝出的鬼演員⋯⋯無一不牽動遊客神經。儘管明知道是假鬼，但無法預料的嚇人橋段，還是讓人不自覺心跳加速。好險我們與一窩愛鬼叫的中學生同行，這群「鬼」都先跑去作弄那群「小鬼」，只有一個纏滿

想當王室成員？做娃娃兵卡實在！

紗布的木乃伊對黃皮膚母女窮追不捨，敬業程度令人啼笑皆非。身心緊繃的我見到出口亮光，滿以為順利過關，未料卻在離開恐怖屋前十秒時被狠狠地嚇了好大一大跳，險些口吐白沫、心臟病發……至於是什麼奪命機關？請容我賣關子，畢竟說破就不好玩了！

倫敦成長史

還沒從驚聲尖叫的恐怖屋恢復，又馬不停蹄搭上計程車造型的軌道電動車，展開遊覽倫敦興衰歷史的「倫敦精神」（The Spirit of London）。精心籌畫的內容，橫跨城市四百年發展，包括：鼠疫危機、大火重生、工業現代化等，極具聲光效果。電動車忽高忽低的動線，營造雲霄飛車的刺激感，可惜全程不許攝影，只能全力用心看、用腦記。

不准遊客拍，可沒說館方不能照！「倫敦精神」途中，有位記者會突然蹦出，鎂光燈對車內「啪！啪！」快閃，使車內即景化作永恆紀念。結束旅程，櫃檯銀幕就會顯示坐電動車時的模樣。說實話，假記者很有狗

仔Fu，完全不給反應時間，照片「慘況」可想而知——眼睛半眯、嘴巴微張、雙腿半開、彎腰駝背，只差沒流口水。「太慘！快點刪除!!」看見自己「徹底放鬆」的尊容高掛銀幕，真是無語問蒼天！

入場時一度嫌門票貴得離譜，經過數個鐘頭奔走，實在覺得展覽豐富、物有所值。其實，製作精美的蠟像倒是其次，館方對參觀流程的安排（蠟像館、恐怖屋、倫敦精神、天文館）及工作人員的細心引導，在在使粟家母女印象深刻。杜莎夫人蠟像館能成為世界級的觀光景點絕非偶然，不論大人小孩，都是兼具娛樂與知識的優質體驗。

與威廉王子照相，請付費！

超吸睛的禁衛軍換班秀

白金漢宮當狗仔

談起英國，馬上聯想到頭戴黑色高帽、身穿紅黑制服的禁衛軍，不同於台北大直忠烈祠前站崗憲兵的莊嚴肅穆，卡通般的娃娃兵造型，總令人由衷讚嘆：「好可愛唷！」來到倫敦，自不會錯過名聞遐邇的禁衛軍，大家揮汗如雨，擠在人山人海的白金漢宮前，就為一睹最受歡迎的交接儀式。

粟子小百科

白金漢宮的前身為白金漢屋（Buckingham House），始建於1703年。1837年，維多利亞女王遷居於此，白金漢宮成為集辦公、休憩功能的英王正式寢宮。1992年起，為籌措遭火紋的溫莎古堡修復經費，白金漢宮於每年夏季將主要大廳對外開放（需購門票），範圍包括：王座室、音樂廳和國家餐廳等。

白金漢宮（Buckingham Palace）

地　　　址／Buckingham Palace, London
衛兵換崗／五至七月每日AM11：30進行，其餘月份隔日進
　　　　　行。儀式全程約40分鐘，氣候不佳時暫停。
入內參觀／每年七至九月（詳細日期於官網公布）
　　　　　AM9：45～PM6：00
入內票價／成人14鎊、十七歲以下8鎊、五歲以下免費
　　　　　（含語音導覽）
前往方式／地鐵Victoria與Green Park站，循指標均可到達。
　　　　　儘管Green Park站需多走幾步路，但途經景致優美的綠公園，
　　　　　若時間充足，強烈建議「捨近求遠」。
官方網站／www.royalcollection.org.uk

漫遊倫敦景點

白金漢宮

搏命搶好位

白金漢宮前廣場與維多利亞女王紀念碑
（Queen Victoria Memorial）附近人潮
洶湧，來自世界各地的觀光客頭頂烈
日，滿心期待、無怨無悔。時間將至，
分散各處的騎警隊交頭接耳，由遠而近
傳來驚呼，站在皇宮左側的粟家三口，
趕緊擺妥姿勢應戰……沒想到，以為會
走到眼前的禁衛軍樂隊，竟在另一頭180
度轉彎入皇宮。「唉呀，站錯邊！」擠
在柵欄前的自以為「壓錯寶」的男女老
少發出嘆息，見氣氛凝重非常，穿著整
齊制服的騎警親切安慰：「沒問題，等
下一定看得到！」大叔日日在此當班，
行程倒背如流。

發展果不出「內行人」預料，禁衛軍開
始從鳥籠道（Birdcage Walk）方向往
皇宮移動，演奏披頭四的經典名曲「I
Want to Hold Your Hand」的軍樂團和
步兵團、無線電小隊、馬隊等更筆直走

1_光影斑斑的Green Park
2_由Green Park至白金漢宮出口處
3_維多利亞女王紀念碑前擠滿觀
　光客

1_樂隊現身
2_步兵接棒
3_人氣馬隊
4_高矮參差
5_宮內交班

來。剎那間，高舉手機、相機、攝影機的各國遊客，瘋狂捕捉禁衛軍的一舉一動一顰一笑……待結束才明白，長達四十分鐘的儀式，各類禁衛軍不停自皇宮來回穿梭，進行暱稱為「瘋狂走走走」的換班活動。遊客根本不用擔心會漏拍漏看，因為他們頻繁出現的程度，絕對讓你看到飽為止！話雖如此，由於所有人都染上「用照片寫遊記」的緊箍咒，人人一股腦往「可以看到禁衛軍」的方向奔，一下全擠到皇宮柵欄前、一下在路邊拼命卡位。「豁出去拼啦！」號稱純種宅女的粟子小姐，剎那彷彿狗仔上身，竄上跳下搶角度。

「高矮怎麼差這麼多？」不只學有專長的樂隊，禁衛軍隊伍多參差不齊，

模仿狗仔亂按快門，搶拍皇宮內交接儀式！

差距大到一目了然。印象中，擔任憲兵一類代表國家門面的軍種，都必須符合統一的體格標準，遇到閱兵大場面，踢正步的阿兵哥更是精挑細選，遠看猶如N胞胎兄弟。有趣的是，外在條件對英國皇室禁衛軍並不嚴苛，高矮胖瘦應有盡有，或許他們重視的內在精神而非膚淺外型!?

狂拍總會中

禁衛軍的正式交接儀式在白金漢宮內進行，隔在欄杆外的參觀人潮，只能各憑本事拍照攝影，為英倫行留下剎那永恆。「裡面究竟在幹嘛？」宮內廣場不時傳出大吼報數、用力踱步聲，無奈接近欄杆處已疊滿厚厚人牆，只能在人縫中胡亂「插手」、趁隙亂按快門。成品十有七八歪斜模糊，不時搭配意外入鏡的恍神路

1_負責維護秩序的騎警隊
2_警隊任務暫歇，撥空與民同樂

人，經過一陣亂槍打鳥，終於換得一張「奇蹟美照」！就在高呼任務完成時，霸佔皇宮前的第一排人潮，不堪陽光荼毒逐漸散去，擠在後排的我終於媳婦熬成婆，不畏紫外線前仆後繼，非要熬成關公才肯罷手！

儀式進行同時，負責維安的騎警任務暫歇，面容和藹與到此參觀的中小學生進行現場版「百萬小學堂」。對幾歲到十幾歲的兒童、青少年而言，有問必答的騎警與溫馴可愛的坐騎，遠比遙不可及的禁衛軍更有吸引力，沒多久就形成有說有笑的另類小團體。老師雖想導入戶外教學正題，無奈學生關心馬多過人，「吃什麼」、「凶不凶」、「幾歲了」筆記裡盡是動物點滴。

交接儀式結束，恢復冷靜的我這才驚覺：「竟然沒機會和禁衛軍肩並肩合照？」遺憾在距離白金漢宮不遠處的禁衛軍博物館，暫時得到緩解，儘管它是不會說話的人形立牌!?博物館不僅鉅細

1_交接結束，人潮依舊不捨散去
2_宮內空蕩廣場只剩一名小兵駐守

靡遺展出禁衛軍服裝、樂器、裝備
等，更有堆滿精緻高價紀念品的小
巧商店。熱中此道的朋友，強烈建
議和門口假人照完就閃，否則難逃
荷包重傷命運！

禁衛軍博物館（The Guards Museum）

地　　　址／Wellington Barracks, Birdcage Walk, London
開放時間／每日AM10：00～PM4：00
門票價格／成人4鎊（參觀紀念品店免費）
前往方式／地鐵St. James's Park站步行二百五十公尺，由白金
漢宮沿Spur Rd.至Birdcage Walk左轉，不久即可見到博物館。
官方網站／www.theguardsmuseum.com

白金漢宮恢復平靜

鄰近博物館的狄更斯故居

大英博物館三部曲

自英倫行曝光，凡過去過倫敦的遠親近鄰，皆異口同聲提出忠告：「大英博物館真的非常非常非常大，別想什麼都看，切記走馬看花！」「是切忌而非切記！」貪心不足的我快嘴反駁，從兩河流域、埃及到雅典、希臘、羅馬、中國，甚至

蒐羅世界寶藏的大英博物館

日本、朝鮮都想一網打盡。逞能又不知節制的結果，就是付出肌肉抽痛、腳板欲裂的肉體悲劇。不想重蹈粟子「蛇吞象」的覆轍？不妨參考在下精心調配的「三部曲」，在不累壞自己的前提下，該看的看到、想看的也看到！

【首部曲】規劃路徑

踏入氣勢宏偉的大英博物館，流線

粟子小百科

大英博物館最早可追溯自1753年，收藏家漢斯・斯隆（Sir Hans Sloane）去世後將私人藏品贈與國家，這批文物就是博物館的基礎，六年後正式對外開放。兩百多年間，英國政府陸續以購買與接受捐贈等管道擴充，配合考古組織在世界各地的挖掘，逐漸發展至今日一千三百多萬件規模。

大英博物館（British Museum）

地　　址／Great Russell Street, London

開放時間／每日AM10：00～PM5：30

門票價格／免費

前往方式／地鐵Russell Square（羅素廣場）、Holborn、Goodge Street、或Tottenham Court站，循指示步行十餘分即可到達。

官方網站／www.britishmuseum.co.uk

附註：鄰近英國文豪狄更斯（Charles Dickens）博物館，地址為48 Doughty Street, Camden Town, London，靠近地鐵Russell Square站。

透明天棚將博物館與圖書館巧妙結合，營造古典摩登交會的時空層疊美感，入口處販售的中文版紀念冊，絕有助設計一條最適合的參觀路線。什麼都感興趣的我，就像色皇帝選妃，明知應接不暇，卻一心想全部擁有。「4、6、10、18……」不假思索念出展覽廳編號，爹娘見狀趕緊喊停，理性歸納各廳位置，先後順序一目了然。

1.2_連結博物館與圖書館的摩登透明天棚

3_大英博物館中文版紀念冊

另類他鄉遇故知？

擔心時間不夠、遺漏經典？大英博物館深知觀光客分秒必爭的宿命，官網貼心設計一小時、三小時，以及適宜兒童參觀的路線，不妨出發前自網站下載。以一小時版本為例，必看展覽依序為：位於Ground floor的The Rosetta Stone（Room 4）、Assyrian Lion Hunt reliefs（Room 10）、Parthenon sculptures（Room 18）；位於Upper floors的The Lewis Chessmen（Room 41）、Oxus Treasure（Room 52）、The Royal Game of Ur（Room 56）、Mummy of Katebet（Room 63）、Samurai armour（Room 93）；Lower floor的King of Ife（Room 25）。坦白說，要在六十分鐘跑完上述行程，著實是件氣喘如牛的飛奔任務。館方難以割捨的痛楚，顯示大英博物館的好貨實在太多，蘊含「不可能只停留一小時」的暗喻。

【二部曲】必看經典

故宮博物院的翠玉白菜、羅浮宮的蒙娜麗莎微笑……享譽全球的博物館，皆有聞名世界「鎮館之寶」，藏品跨越五大洲的大英博物館同樣不在話下。光陰短暫，如何取最珍貴的一瓢飲？下列三項皆屬經典中的經典。

1_羅塞塔碑
2、3_
帕德嫩神殿雕刻

羅塞塔碑（The Rosetta Stone）

走進4號「埃及雕塑」展廳，迎面是一塊被透明玻璃罩住的黑亮岩石，仔細觀察，上頭刻著密密麻麻的文字，這才驚覺它不只是一塊亮晶晶石頭！1799年，羅塞塔碑在尼羅河畔出土，為一塊長一百一十八公分、寬七十七公分的長方體的黑色玄武岩斷碑。碑體可見三種字體，上為古埃及的象形文（Hieroglyphic），中是草書體象形文（民書體文字），下為希臘文，內容是西元前196年住在埃及孟斐斯城的僧侶，寫給第十五王朝法老托勒密的「馬屁信」，感激他登上國王後，取消僧侶欠繳稅款、為神廟開闢新財源、給予僧侶特殊保護等系列「德政」。時至今日，羅塞塔碑的重要性並非上述歌功頌德的語句，而在解釋與翻譯三種古字體的對照和參考價值。

帕德嫩神殿雕刻（Parthenon sculptures）

進入古代近東文物區，展品包括：亞述（Assyrian）雕塑、尼尼微（Nineveh）宮廷浮雕等，由此快速瀏覽美索不達米亞文明。接續出現的希臘、羅馬展區，最引人矚目的莫過Room 18的帕德嫩神殿雕刻。這批於十九世紀由當時英國駐奧斯曼土耳其大使額爾金伯爵（Lord Elgin）掠奪運回的文物，被統稱為「厄金的大理石像」（Elgin Marbles），內含多塊環繞神殿的雕刻和一些不完整的山牆雕像。

濃濃神祕色彩的木乃伊

位於18號展廳的帕德嫩神殿雕刻，來自供奉雅典女神雅典娜的帕德嫩神殿，完成於西元前432年，為古希臘文明的象徵標誌，人類藝術史上的巔峰之作。基於雕刻對希臘及西方文明史的重大意義，自1983年起，希臘政府開始爭取「物歸原主」，唯現在的收藏者——大英博物館始終採冷處理。

木乃伊（Mummy）

無論何時參觀61至66號的埃及展覽室，總是人潮洶湧，進行課外教學的大中小學生占據大部空間，有的仔細臨摹素描、有的專心聆聽導覽，展現博物館社會教育的重要價值。實際上，這些保存極佳的古物，如：人貓鱷魚木乃伊、色彩斑斕的棺木、半身人面像，絕大多數來自金字塔內。儘管埃及政府同樣希望「原璧歸趙」，無奈珍品命運始終掌握在現行主人手裡。

【三部曲】人各有好

除非看不可的世界級珍藏，個人偏愛同樣不容忽視，一如粟家三

1_粟爸歡喜覓得劉羅鍋
2_來自復活島的奧倫戈巨
　型石雕
3_購自大英博物館紀念品
　店的木笛

口各有所好：粟爸一探流落異鄉的中國文物，從而發現鼎鼎大名的劉羅鍋題字；喜愛金銀珠寶的粟媽，則被搜刮自世界各地的黃金飾品迷得目不轉睛，金光閃閃的昂貴美景，眼睛也跟著亮起來！高中時熱愛歷史的粟子小姐，則將心力放在亞述、尼尼微，哪怕滾瓜爛熟的課文已經模糊，由虛幻而真實的深刻感動，依舊絲毫不打折扣。

狂走三小時，嚷嚷腿酸的我，仍不敵另一項死穴──紀念品的誘惑，東奔西跑灑銀子。相較以書籍、明信片為主的同類店鋪，館內商品顯得多采多姿、富饒趣味，像是：木乃伊外型的巧克力和鉛筆盒、仿古希臘的錢幣、少數民族樂器、象形文字飾品等，小小櫃台、大大創意，保證令您駐足良久。

整片削起的古希臘浮雕、層層撥開的埃及木乃伊、連根拔起的中國墓誌銘、整尊扛回的復活島的奧倫戈（Orongo）巨型石雕……百年前，英人充分利用在世界的頂峰時刻，以最銳利的眼光，搜刮珍貴文化遺產。事過境遷，大不列顛帝國的豐功偉跡早成咋日黃花，對比不可逆的政治現實，大英博物館完整紀錄稱霸世界的舊夢，見識曾經不可一世的日不落輝煌。

洋溢文藝氣息的國家藝廊

國家藝廊與大師神交

古典藝術風情繚繞的倫敦，不僅有飽藏世界遺產的大英博物館，展覽許多著名藝術家畫作的「國家藝廊」同樣飽享盛名。儘管藝廊館藏以繪畫為主，類型單一，但其藏品範圍著重早期文藝復興時期的義大利與十七世紀西班牙、荷蘭等地藝術家作品的專精方針，助她成為同質美術館中相當突出的一間。想細品達文西（Leonardo da Vinci）、林布蘭特（Rembrandt）與梵谷（Van Gogh）、雷諾瓦（Renoir）等大師級真跡，快速閱覽歐洲繪畫藝術演進史？豐富多樣的國家藝廊，絕是不容錯過的頂級首選。

粟子小百科

國家藝廊起源於1824年，國王喬治四世說服政府購買林布蘭特、拉斐爾（Raphael）等的三十八幅作品，從而以此為基礎，發展為今日館藏超過兩千幅的規模。藝廊收藏屬於全體英國公眾所有，因此不收門票，內部分為四個展覽區，展品按照年代順序排列。

國家藝廊（National Gallery）

地　　　址／Trafalgar Square, London（特拉法加廣場北側）
開放時間／每日AM10：00～PM6：00（週三延長至PM9：00）
門票價格／免費，自由捐獻
前往方式／地鐵Charing Cross或Leicester Square站，循指示
步行五～七分鐘即可到達國家藝廊與比鄰的特拉法加廣場。
官方網站／www.nationalgallery.org.uk

1_特拉法加廣場鴿群大氾濫
2_鴿子與雕像的完美演出

鴿子天堂

位在國家藝廊南邊的特拉法加廣場，時時聚集數量驚人的鴿群，
超乎想像的盛大規模，榮登人生震撼畫面前三名。林立廣場的藝
術雕像，自然成為飛禽的「歇腳亭」，只見英挺帥氣的勇士頭上
站著神氣活現的鴿子，意外調和的灰色系，遠看還以為是前衛藝
術家靈機一動的無厘頭創意！廣場上的咕咕大軍對來往行人毫無
懼色，作勢驅趕、想目睹成群起飛盛況的頑皮人類，只換來牠們
冷眼旁觀。任憑哺乳類「無理取鬧」，頂多作勢快跑，丁點飛行
欲望都沒有。

特拉法加廣場是喬治四世偏愛的建築師約翰・納許（John Nash）在1830年代的作品，豎立中央的英國海軍將領尼爾森（Nelson）紀念柱，是廣場最顯眼的地標。尼爾森將軍在1805年對抗拿破崙的特拉法加戰役中英勇殉國，是英國家喻戶曉的民族英雄。有趣的是，將軍頭頂在鴿界

雷諾瓦複製畫（左）、名畫集錦磁鐵（上）、秀拉複製畫（下）、藝廊平面圖

國家藝廊精心設計的參觀計畫

找名畫？順著平面圖走！

同樣地位崇高，經過一番龍爭虎鬥，最強壯的勝利者才能獨占鰲頭、睥睨廣場。

名作如雷貫耳

免費開放的國家藝廊，入口處設置一個小巧捐獻箱，裡面為數不少的硬幣紙鈔，顯示隨喜樂捐成效不輸強制賣票（也可能是鼓勵遊客樂捐的假象？）。參觀臥虎藏龍的國家藝廊，若無設定幾樣「必看」的名人名作為標的，極可能落得腿腳酸麻兩頭空。為此，粟家綜合旅遊書的介紹，抱著野人獻曝的心情，提供不看可惜的建議名單：

梵谷——向日葵

莫內——睡蓮池

雷諾瓦——
泛舟塞納河

1_向日葵Sunflowers／梵谷Van Gogh／1888

2_睡蓮池The Water-Lily pond／莫內
　　Monet／1899

3_泛舟塞納河Boating on the Seine／雷諾瓦
　　Renoir／1806

4_維納斯與戰神Venus and Mars／波提且利
　　Sandro Botticelli／1480

波提且利——維納斯與戰神

布路斯諾——
愛的寓意

林布蘭特——
34歲自畫相

法蘭契斯可——
基督的受洗

期待聖靈

1_愛的寓意An Allegory with Venus and Cupid／布路斯諾Bronzino／1545

2_34歲自畫像Self Portrait at the Age of 34／林布蘭特Rembrandt／1640

3_基督的受洗The Baptism of Christ／法蘭契斯可Piero della Francesca／1450's

4_期待聖靈The Virgin of the Rocks／達文西Leonardo da Vinci／1508

擔心與名畫失之交臂？只需記得索取精美平面圖（想進一步瞭解的朋友不妨租用語音導覽），自製專屬藝術之旅。和我一樣懶得看圖？不妨使出最省力瀏覽法—跟著人群走，畢竟吸引越多人駐足的，必是知名度越高的世界珍品。

特別推薦「點點王」

幾年前，一位熱中藝術的時尚雅痞，自動借給一部號稱「影響二十世紀音樂劇最深遠」的〈畫舫璇宮〉（2005）影片，以無比誠摯的眼神熱情推薦：「巨作！」抱著極高期望的我，卻在舞台劇邁入第三個鐘頭的結局高潮時，闔上眼皮夢周公……「什麼？我感動得哭！」朋友氣我「烏龜吃大麥」，白白浪費一齣好劇，無奈我一向不愛畫也不懂畫，

藝廊內販售秀拉的複製畫「The Bathers at Asnières」（5鎊）

實在對真人真事的主角喬治・秀拉（Georges-Pierre Seurat）一無所悉……

〈畫舫璇宮〉講述年輕畫家秀拉堅持用原色點繪製畫作「Sunday Afternoon on the Island of la Grande Jatte」的漫長過程，只見他無論再窮再潦倒、甚至最支持的女朋友一度心涼求去，都無怨無悔「點下去」。經歷兩小時又二十八分鐘的「點點轟炸」，除了真誠佩服藝術家的超人毅力，也由衷相信這輩子永遠不會忘記：「有一個用點作畫的人，他的名字叫秀拉！」

歸還影片，以為就此與喬治先生分道揚鑣，未料竟與他異地重逢，當初的瞌睡感被「他鄉遇故知」的興奮取代，成為父母眼中的秀拉粉絲！「印象派中『點描派』的代表畫家，用原色在畫布上慢慢點，堆疊出顏色、光影的手法……」雙親驚訝女兒的博學多聞，長年乾枯的藝術細胞，竟在美術館薰陶下無比活化，殊不知這僅僅是我的一百零一招！坦白說，造訪國家畫廊時，「書到

廣場上豎立海軍將領尼爾森紀念柱

粟子小百科

喬治・秀拉（1859～
1891）為點描繪法
（pointillism）的初創
者，擅長都市風景題
材，印象派後期的重要
人物，遺憾的是，他在
三十一歲時罹患白喉去
世。秀拉的創作與當時
主流截然不同，他將色
彩理論套用到畫作，採
取分色著色法，以細膩
繽紛的原色小點組成畫
面。秀拉筆下的色點都
經過精密計算，近看他
的畫作，會覺得裡面充
滿理性的筆觸，與梵谷
的狂野、塞尚的色塊大
異其趣。秀拉的知名
作品包括：「Sunday
Afternoon on the
Island of la Grande
Jatte」（1884～
1886，美國芝加哥美
術研究所）、「Gray
Weather, Grande
Jatte」（1888，美國
大都會美術館）及藏於
倫敦國家藝廊的「The
Bathers at Asnières」
（1884）等。

用時方恨少」的感慨始終強烈，腦海不時
浮現似曾相識，卻怎麼也想不起的嘆息。
寫到這，不得不再次感謝那位介紹〈畫舫
璇宮〉的友人，若沒有他，怎會認識「點
點王」秀拉？

明明是靜態的畫，卻能傳達豐沛的流動感；
不像照片那樣忠實紀錄，卻真切表現創作者
眼中的世界……國家藝廊收藏的名畫常以日
曆、平面廣告、雜誌內頁等形式，廣泛出現
日常生活，但真正目睹原作時，還是有百聞
不如一見的讚嘆！高超的繪畫技巧與細膩的
觀察靈感，遠道而來的遊客，哪有不仔細端
詳、徘徊留戀的道理？國家藝廊雖不若杜莎
夫人蠟像館具娛樂性，也不如大英博物館多
采多姿，但豐沛的經典畫作收藏，仍不愧為
世界罕見的頂尖藝術寶庫！

位於南岸區的亮眼巨星——倫敦眼

倫敦眼上開眼界

造型新穎的千禧橋（The Millennium Bridge）、金屬彈頭造型的瑞士保險總部大樓（Swiss Re Headquarters）、成功申辦2012年奧運主辦權……曾經「倚老賣老」的倫敦猶如經歷回春手術，剎時增添萬千年輕氣息。新建築中，2000年三月正式開放、號稱「千禧之輪」的「London Eye」更擠身頭號吸睛殺手，榮登泰晤士河畔的人氣新天后！

為慶祝公元二千年而豎立的「倫敦眼」，高一百三十五公尺，由David Marks與Julia Barfield夫婦耗費七年設計、英國航空贊助興建。摩天輪共有三十二個密閉式座艙，每單位可乘載十五人，有獨立空調，觀景時間約半個鐘頭。自「倫敦眼」面市，讚美、批評甚至憂心她倒下的議論炒得沸沸揚揚，可謂話題魅力兼具。即便早過

倫敦眼（London Eye）

地　　　址／Riverside Building, County Hall, Westminster Bridge Rd, London

營業時間／每日AM10：00～PM9：30，國定假期、週末假日會關閉或更改時間，詳情請見官方網站。

門票價格／成人18.9鎊、四至十五歲11.25鎊、四歲以下免費。若確定造訪日期，不妨先透過網站訂購票券，省下排隊時間。

前往方式／地鐵Westminster或Waterloo站，一出車站即可見到。

官方網站／www.londoneye.com

附註：開放初期為世界最大的觀景摩天輪，現已被中國「南昌之星」和新加坡「摩天觀景輪」超越。

了沉迷摩天輪的年齡，我站在超高「倫敦眼」旁，仍難掩興奮情緒，滿心期待這趟「轉運」之旅。

英式高帽

別於西敏區（Westminster）的皇家古典氣質，擁有「倫敦眼」及「達利世界」（Dali Universe）展館的南岸區（South coast），展現令人目眩神迷的新世代摩登風情。只是，儘管摩天輪近在咫尺，沉溺紀念品的我，卻對以米字旗為Logo的紅藍高帽興趣更濃。

1、2_南岸區現代藝術氛圍濃郁

路邊紀念品攤，價錢更彈性！　　　超古錐英國高帽，不可不買！

每逢世界盃足球賽，英國球迷總是惡名昭彰
的一群，無論輸贏一律喝酒打架鬧事，少數
「專業害群之馬」不僅造成他國困擾，也打
壞本國名聲。不過，這裡提到他們，並非刻
意翻舊帳，而是著墨戴在眾球迷頭上的Bring
Bring閃亮高帽。當地人明瞭觀光客喜好，幾
乎每間紀念品店都有陳列，抱著「寧可亂買
一百、也不放過一個」的瘋狂心態，配合粟
媽的超強殺價策略，帽子一頂接一頂！根據
我異常豐富的購帽經驗，價格往往在4.99至
6.99鎊（英國商人很愛使用N.99的標價，如
4.99、8.99等，讓顧客產生便宜1鎊的錯覺，
即N與N+1的差距）間浮動，隨店鋪所在位置
和老闆良心而有不同。祕密告訴各位，我們
找到最便宜的一家，就位在泰晤士河畔（與
「倫敦眼」同側）、西敏橋旁的流動攤販，
當家大叔深暗推銷招數，買越多越便宜！

1_倫敦眼曾坐擁世界第一
2_可容納超過二十人的透明乘坐艙
3_摩天輪轉不停

現場購票擠

搭乘區只有小貓兩三隻，罹患排隊恐懼的我不禁一樂：「人不多嘛！」與此同時，身兼導遊、領隊與馬前卒的粟爸，快步奔去買票，母女檔負責觀察後續流程，排隊入口、檢查手提包、進入摩天輪包廂……一一印入腦海。時光飛逝，晚到的男女老幼都順利「起飛」，咱們卻還在地面苦候。「明明沒什麼人，買票需要這麼久？」我自告奮勇當勤務兵，跑到售票口探聽，未料眼前竟是出乎意料的人潮洶湧！川流不息的購票隊伍，不停向外湧出熱氣，對比河畔陣陣冷風，簡直是大型人體暖爐。

二十分鐘過去，風塵僕僕舉著得來不易的門票，終於將登上傳說中的「千禧之輪」。實現願望前，得先依指示打開

由艙內鳥瞰國會大廈，別有一番風情

背包拉鍊，以便金屬探測器入內檢查，粟家母女一如往常順利過關，粟爸也一如往常嗶嗶作響（每次過海關必發生的情景，不是口袋有零錢，就是包裡有奇形怪狀的東西，記得有次在新疆買了一根煮熟的真空包玉米，香港轉機時一度被誤會是炸彈，直到看見玉米本人，撲克臉的海關剎時不顧形象、笑成一團）。為求慎重，面容和善的保安將包內物品一一掏出，紅燒鰻罐頭、沙拉潛艇堡等五花八門糧食逐一現身，我們乖乖解釋，他雖盡量保持鎮靜，還是忍不住露出發自內心的偷笑!?

倫敦在腳下

粟家和七位有緣人一同乘上「倫敦眼」，自關上艙門剎那，馬上

陷入瘋狂拍照的漩渦。來自荷蘭的小哥尤其「撈本」，竄上跳下一刻不停，深怕錯過任何一個角度；一對德國情侶毫無顧忌大展恩愛，一會兒他照她、一會兒她照他、一會兒頭頂頭自拍；識途老馬的英國老夫婦，選擇靜靜坐在中央長椅，用最舒服自在的姿勢欣賞分秒轉換的故鄉景致。

泰晤士河美景

一刻鐘過去，乘坐的橢圓型玻璃艙升至最高，四面透明的絕妙體驗，令患有膏肓型懼高症的粟子小姐瞬間腿軟腳麻。怕歸怕，還是「搏命」往窗邊靠，享受鳥瞰泰晤士河的快意。此時，狂High十餘分鐘的荷蘭少男少女氣力放盡，放棄霸占多時的絕佳攝影位置，沉潛多時的老夫婦順勢出手。慎重其事的老先生手持罕見的

夜間同樣魅力無限

舊式膠捲相機，比劃再三才按快門，「先用眼睛記憶，再以相片記錄！」果然薑是老的辣。

「飛行」即將結束，廣播告知即將為遊客拍紀念照。相較摸不著頭腦的粟家、放棄你爭我奪的老夫妻、愛得死去活來的情侶，荷蘭青春三人組再次卡位成功，在鏡頭前大擺鬼臉……結果塞翁失馬，由於僅有後腦杓入鏡，我堅決放棄購入高價照片，省下的錢又可買一頂英式高帽。

和熟悉的美麗華四人小包廂不同，「倫敦眼」近乎一台中型巴士的容量與全透明的包廂，著實讓來自世界各地的遊客驚豔，凡經歷這場三百六十度輪轉的遊客，十有八九面帶滿足笑容離開。不僅本身噱頭十足，更附帶盡覽倫敦市區的超高價值，哪有不深深著迷的道理！唯一需要溫馨提醒的是，超過十人搭乘的摩天輪屬大眾交通工具，氣氛嘈雜非常，絕非害羞情侶談情說愛的好所在。

最吸人目光的倫敦塔橋

「橋」的大閱兵

黃河賜與中國滂沱氣勢、尼羅河孕育埃及永恆生命、塞納河釋放巴黎浪漫風情……依循自然法則奔流入海的滔滔江水，供應兩岸居民用水需求，進而衍生超乎想像的璀璨文化。時至今日，人們雖不再必須傍水而居，但河畔多元的新舊建築、人文色彩仍承載豐富歷史記憶。在倫敦，目前全球水路交通最繁忙的泰晤士河，更是不容錯過的重頭戲，從世界知名的大笨鐘（Big Ben，或譯作大本鐘、大鵬鐘）到壯觀的倫敦塔橋（Tower Bridge），都能沿著河川一親芳澤。想細細品味泰晤士河令人心神嚮往的點點滴滴？一起用雙腿探索橫亙其間的「橋」魅力吧！

WESTMINSTER

4

1_大名鼎鼎的大笨鐘
2_西敏橋上的美麗晨曦
3_西敏橋與國會大廈堪稱絕配
4_從地鐵「Westminster」站
　展開漫遊泰晤士河行程

漫遊倫敦景點

泰晤士河（River Thames）

流域範圍／河川源自科茨科爾德山（Cotswold Hills），向東流經倫敦市區，在諾爾（Nore）注入北海，全長約三百三十八公里，是英格蘭最長的河流。

前往方式／泰晤士河沿岸有多個地鐵站，考量精華度、便利性等條件，建議在「Westminster」展開行程，順河流前行（往下游），以倫敦塔橋為終點。結束泰晤士河巡禮，依指示步行五分鐘，到達鄰近地鐵「Tower Hill」站，前往下一個景點。

西敏橋富饒韻味

除了知名的千禧橋（Millennium Bridge）、倫敦橋（London Bridge）及倫敦塔橋，泰晤士河上還有二十幾座別具風味的橋樑。其中，位在國會大廈（Palace of Westminster）前的西敏橋（Westminster Bridge），肩負溝通河岸兩端的責任之餘，亦蘊含專屬不列顛帝國的古典風韻。清晨造訪，幸運直擊被晨曦染紅的橋面，天空透出柔和光線，與淡水夕照異曲同工。西敏橋的美也吸引不少電影取景，〈玻璃之城〉（1997）裡就能見到黎明、舒琪在此的身影。

西敏橋不只本身值得一遊，從橋面望向國會大廈和大笨鐘的角度，更是紀念照必取的經典畫面。常見意志堅強的外籍遊客不顧形象，在橋面或蹲或坐或躺，就為將整座鐘樓收入相機。「不如去搭『倫敦眼』，就能一目了

粟子小百科

國會大廈（又稱西敏宮）位於倫敦西敏市、泰晤士河西岸，為歌德復興式建築代表作，英國國會上下議院的所在地，1987年被列入世界文化遺產。建築內有超過一千個獨立房間、一百座樓梯與近5公里的走廊，西北角的鐘樓正是著名的大笨鐘。Big Ben是倫敦的標緻建築之一，1859年五月開始運轉，是全英國最大的鐘，鐘樓高九十五公尺、分針長四點二七公尺，每15分鐘敲響一次。至於大笨鐘名字的由來，一說是源自當時知名重量級拳擊手Benjamin Caunt（1815～1861），他的暱稱正是Big Ben；另一說是依建造者Benjamin Hall男爵（1802～1867）命名。

然啦！」風涼話出口沒多久，我也成為另一位躺在橋上的拍照怪咖……畢竟仰之彌堅的臨場感，與摩天輪上居高臨下是截然不同的震撼。

千禧橋彈力十足

古意盎然中，千禧橋銀灰色的超前衛外型，躍升河面最亮眼新星。妙的是，它不僅看來輕薄摩登，行走其上更覺彈力十足，彷彿穿上一雙彈簧鞋！相較我們龜速品味千禧橋，熙來攘往的上班族早就習以為常，面對腳踏車大叔引發的五級地震，依然面不改色。實際上，總長325公尺的千禧橋，是倫敦第一座專為行人打造的步行陸橋，由Norman Foster設計，建造費近2000萬鎊，可同時承受五千人使用。橋身以Y字型空心金屬橋墩支撐，一方面可避免遮蔽聖保羅大教堂（St Paul's Cathedral）、泰特現代藝術館（Tate Modern）等周邊景點，另一面也能不破壞原先的協調感，與沿岸舊建築自然融合。

1_倫敦的千禧獻禮——千禧橋
2_創新橋體設計

千禧橋造型流線

倫敦橋紀念碑

「抖呀抖，穩不穩吶？」我的杞人憂天，其實早在千禧橋於2000年6月正式開通不到三天時就已「惡夢成真」……當日，洶湧人潮導致嚴重「共振效應」，橋身劇烈搖晃，被迫關閉整修。經過檢查，決定再籌資500萬鎊補強（於橋體安裝減振器），二十個月後確認安全無虞，才再度對外開放。即將走完千禧橋，意外獲得一項特別獻禮——電影拍攝Live秀！只見穿整齊西裝的中年帥哥，反覆在橋面折返狂奔，氣喘吁吁臉發紅。儘管一副快斷氣的模樣，他還是搗著胸口專業問：「怎麼跑比較好？需要再快一點嗎？」好整以暇的導演微笑點頭，帥哥持續在眾人關注下猛跑不停，千禧橋也跟著他的腳步狂彈不止。

倫敦橋上小蟻雄兵

沒有古典華麗、時尚現代，走純樸路線的倫敦橋，認認真真肩負兩岸南來北往的重要交通任務，一如它兩千年來的無怨

千禧橋（Millennium Bridge）

前往方式／地鐵「Mansion House」站，循指示往泰晤士河方向，步行五分鐘即可到達。

附註：〈哈利波特：混血王子的背叛〉（2009）開頭，佛地魔手下催狂魔毀掉倫敦的災難場面，千禧橋也有入鏡。實際上，電影版的千禧橋比原著的伯樂代橋更貼近現實，也更具真實感。

塔橋下船支穿梭不息

倫敦橋（London Bridge）

前往方式／地鐵「London Bridge」或「Monument」站

無悔。正值通勤時間，橋上盡是面容冷若冰霜、腳步快如閃電的
繁忙上班族，一個接一個的「移動人頭」，遠看就像無數小蟻雄
兵！其實，耐操的倫敦橋是倫敦歷史最悠久的橋樑，兩岸居民在
1750年前跨越泰晤士河的唯一管道。

年長的倫敦橋經歷多次材質轉換，最早為木製，後再改由石材重
建，名聞遐邇的「London Bridge Is Falling Down」講得正是這座
橋。談到歌曲的由來，有許多形形色色的傳說，讀來讀去，我最
喜歡「英國人耍詐賣舊橋給美國人」的版本，內容兼具趣味張力
與不言可喻的民族性。十九世紀時，當地政府一度將被火焚燬的
石造倫敦橋以花崗岩重建，卻還是因無法負擔日漸繁重的運輸需
求，橋身漸露頹圮，通行要道變得破破爛爛，大街小巷便開始傳

辦識度極高的倫敦塔橋

唱「倫敦橋要垮了」。為解決燙手山芋，聰明的英國人透過廣告強化倫敦橋的光榮歷史，把「舊貨」變「古董」，賣給不明就裡的美國地產商，既解決舊橋坍塌危機，也籌得新橋資金。故事還有後續，那位以為買到「倫敦塔橋」的商人，直到扛回家鄉組裝時才發現「錯把馮京當馬涼」，大把銀子換來爛橋一座，捶胸頓足也枉然。

兩個鐘頭邊走邊看，輕鬆愜意從國會大廈走到倫敦塔橋（不加繞道閒晃，步行距離約五公里），絲毫沒有想像中的辛苦疲憊。來自世界的觀光客在倫敦塔橋面兩側緩慢前行，就想延長這場美妙體驗，不愧是非去不可的「橋的大閱兵」壓軸重頭戲！

由霍拉斯・瓊斯設計的倫敦塔橋，為一座長244公尺的「開啟橋」，1894年正式通車，採用當時最先進的鋼骨架構建築，雙翼有兩座六十五公尺的橋塔。大船通過時，塔橋中央的裝置會使橋面以八字形打開，最大口徑可達40公尺高、60公尺寬，據聞是欣賞泰晤士河風光的最佳位置。回想所有對英國的介紹，總會放上幾張塔橋美照，儼然是最能代表倫敦的建築物。自遠處欣賞塔橋，由衷感謝人類眼球的餘光設計，正因如此，美景才能「一眼

漫遊倫敦景點

1_猶如進入夢幻城堡
2_塔橋各種角度都很上鏡頭
3_溝通兩座橋塔的古典陸橋
4_塔橋上時時穿梭人潮車潮

而盡」。可惜相機無論再盡善盡
美，也拍不出腦海的深刻印象。
筆墨相片皆難形容的萬千美妙，
就等您親自造訪。

倫敦塔橋（Tower Bridge）

前往方式／地鐵「Tower Hill」站

入內參觀／橋塔內設有收費博物館。營業時間為夏季AM10：
00～PM6：30、冬季AM9：30～PM6：00

官方網站／www.towerbridge.org.uk

泰晤士河串連倫敦百年歷史

兩小時見證泰晤士河演進史

飽含倫敦今昔的泰晤士河，兩岸也隨時代潮流更替轉變，見證百年建築演變。超現代的玻璃帷幕建築、飽經風霜的傳統市集，留心注意，眼前盡是國際大都市無可複製的歲月風華。想在兩小時內見證英國首都演進史？沿著泰晤士河漫步，保證會有意想不到的豐沛體悟。

【船隻篇】自然工法收垃圾

隨著運輸方式多樣化，泰晤士河已卸下交通中樞的重責大任，雖不復往日稠密熱鬧，仍可見各式功能船隻航行其間，賓士遊艇、載客油輪、小型軍艦……大大滿足熱中此道的發燒友。相

泰晤士河遊船

乘船資訊／除了以步行方式遊覽泰晤士河，也可選擇乘船欣賞。由西敏碼頭至倫敦塔橋，航程約30分鐘，4至10月AM10：30～11：30、AM12：00～PM3：00每20分鐘一班；PM3：00～6：00每30分鐘一班；PM6：00～9：00每小時一班；11月至3月AM10：30～PM3：45每45分鐘一班。票價單程4.6鎊，來回5.8鎊。

1_河面清潔的無名英雄——
　清道夫船
2_海鷗跟著清道夫船遷徙

較整齊美觀的同行，寫著「I EAT RUBBISH」的舢舨更吸引粟家注意，一如它一目了然的名稱，這是艘無人駕駛的清道夫船。

不需依靠人工，「I EAT RUBBISH」利用波浪和潮汐的自然力量，使漂浮河面的掉落物集中到船中央，二十四小時負起維護河面清潔的工作。所幸，日夜值勤的無名英雄並不孤單，將它視為覓食良伴的海鷗，時不時在周圍打轉，好奇垃圾船到底撈到什麼「好料」！

【河堤篇】涼亭寒玉床

雅號「流動歷史」的泰晤士

漫遊河畔羊腸小徑

河，河畔獨樹一格的商店街映入眼簾，兩層老磚房轉型為懷舊餐廳、中世紀帆船改建成兒童樂園、繪滿繽紛塗鴉的古早隧道……都是善用古今對比的創意佳作。

漫遊步入尾聲，我們決定在與「倫敦塔橋」遙遙相望的河畔涼亭稍事休息。以客觀條件來說，此地遠處能欣賞美景，近處有精緻噴泉、大樹綠蔭，應該吸引不少行人駐足，但實際卻是乏人問津！位於順風處的涼亭，時刻遭到強風襲擊，哪怕氣溫舒適的初秋午後，依舊冷得人吱吱亂叫。瑟縮角落嚼自製涼三明治果腹的粟家，坐在從大腿涼到背脊的鐵製長椅上，小龍女的「寒玉床」不過如此！

之前見老外著迷日光浴，總覺得他們太「討債」，黃人美白都來不及，哪可能脫光光任意晒到飽？直到經歷急凍體驗，才深深明瞭倫敦人（及大部分歐洲人）瘋太陽的心情。畢竟日日籠罩在「晴時多雲偶陣雨」的陰霾，難得一見的爽朗豔陽，真是最可愛的自然獻禮。

【建築篇】市政廳的另一半？

對建築感興趣的朋友，泰晤士河畔五花八門的樓房風光，絕對是難忘的視覺饗宴。兼具古典與現代的海斯商場（Hay's Galleria）、狀似蠶蛹的倫敦市政廳，都使人印象深刻。

1_塗鴉客不會錯過的古早隧道
2_融合古典現代的海斯商場
3_現改建為兒童樂園的老式帆船

1_蓋在順風處的涼亭,差點冷暈!
2_哈哈鏡版京華城──倫敦市政廳
3_母女抱蛋樂

「好像半個京華城!」市政廳少了圍繞
在外的立方體,兩棟半球型建築有幾分
夫妻臉,異常的球體外型,更像照著
「哈哈鏡」的京華城!此外,附近還有
許多造型特殊的裝飾藝術,譬如:比
人還高的「黑蛋」、扭曲的金屬雕塑
等……漫遊在中古世紀與未來世界間,
體驗新舊時代激盪的璀璨火花。

倫敦市政廳(City Hall)

地　　址/Potters Fields, Camberwell, London
前往方式/地鐵「Tower Hill」站,循指標步行10分鐘(約0.6公
里)。
官方網站/www.london.gov.uk/city-hall
簡　　介/市政廳與千禧橋同樣出自名建築師Norman Foster事務
所,以環保概念打造,和同等建築相比,只消耗四分之一能源。
市政廳為玻璃帷幕包圍的球型建築,高十層,風格前衛摩登。

與英國歷史緊密連結的泰晤士河，以流動的水將今昔連結，即便走馬看花，也可體會期間的歲月軌跡。衷情懷舊滋味的朋友，沿岸無法偷工減料的光陰厚度，絕是這趟旅程最引人入勝的無價之寶。

泰晤士河畔處處可見藝術雕塑

LONDON

百變市集巡禮

+ 百變市集巡禮

波多貝羅市集常見可愛主題店鋪

波多貝羅市集──1500家店逛翻天

週末
開張的大小市集，不只當地人趨之若鶩，更是觀光客心目中的開眼界焦點。手持旅遊指南按圖索驥，抵達倫敦當日下午，立即奔赴最具盛名的「波多貝羅市集」，展開首場「尋寶遊戲」！

十餘年前，雙親就曾造訪此地，據兩人回憶，九〇年代的波多貝羅市集群聚許多販賣平價首飾、異國工藝、二手舊貨的攤位，價格在幾便士、數鎊間，粟媽出示大把大把亮麗埃及風手環，飽經歲月毫不褪色。往日點滴傳進熱愛老玩意的粟子耳裡，立刻成為最有效的「提神良方」，將時差疲勞拋到九霄雲外。站在地鐵站出口，捏著微薄薪水換來的英鎊，豪氣干雲喊：「走！灑銀子去！」

波多貝羅市集（Portobello Market）

市集範圍／位於諾丁丘（Notting Hill）的波多貝羅市集，以波多貝羅路（Portobello Road）為主軸向四周蔓延。

營業時間／市集包括「一般市場」、「古董市場」與「小古玩、衣飾市場」三部分，開放日數不一。星期六為最佳造訪時機，幾乎所有攤位都集中在波多貝羅路，遊客可由此一網打盡。

前往方式／地鐵「Notting Hill Gate」站右轉至波多貝羅路，即進入市集範圍（下坡路段）。擔心迷路的朋友不必煩惱，週末市集人流綿延，謹記「跟著人群走」箴言，就可輕鬆抵達。

1_閃亮亮銀器店　2_喇叭專門店

個性店星羅棋布

還未進入重頭戲，林立在波多貝羅路兩側的個性店，已惹得觀光客驚聲連連。相同款式的舊時磚房，一律漆上鮮紅、粉色、咖啡、天藍等鮮豔色彩，店鋪商品包羅萬象，標榜來自二次大戰的古董軍用品、以子彈貫穿為噱頭的破洞牛仔裝、融合拼布十字繡等手工藝的自製服飾，多采多姿、目不暇給。無論偏愛古典還是新潮，都能在這裡找到心儀的「夢幻の店」。不過，在陷入瘋狂前，得先煞風景提醒，個性店標價普遍偏高，老闆也多屬「殺不得」的硬派個性。我的建議是，先忍住欲望「眼觀」，待進入市集，不定能找到類似姐妹品，價錢可能只要七甚至五折。

主題鋪妙趣多

週末下午，實體店鋪、露天攤位陸續擺設妥當，各樣式的創意新鮮貨、摩肩擦踵的街道、買賣雙方的鬥智對話……交織一幅熱鬧非凡的市集即景。只是，和旅遊指南與雙親「俗又大碗」的印象

1_懷舊鐵牌小鋪　2_印度風大象彩球風鈴

不同，今日的二手舊貨數量有限，取而代之的是中價位的古董和主題商店，如：專賣銅喇叭的攤位、懷舊鐵牌鋪、板球用品店、木偶雕刻店、金光閃閃的銀器攤位等，皆吸引觀光客駐足。

除此之外，市集商品多以「鎊」起跳，也就是說，東西並不似想像中的「二手市集」那般物美價廉。儘

管「撿便宜」機會變小，但一間接一間的商家還是令人眼花撩亂，尤其是初來乍到的老外遊客，更如「劉姥姥進大觀園」，每間店都想探頭瞧瞧。對「滿腔熱血」的購物族，波多貝羅市集無所不包的貨樣與可愛精緻的陳列，彷彿擺下誘人灑錢的迷魂陣，想不掏銀子都難。一如始終搞不清板球規則的我，就在瀰漫英式貴族氣氛的板球用品店躊躇再三，差點就要買一顆縫線細緻的紅色板球（因為球拍實在太貴）回家作紀念！

1_超誘人麵包山
2_價格清楚的蔬菜店，還有超級
　大南瓜！
3_小英流連忘返的醬菜店

不論老闆熱情招呼或冷眼旁觀，每間店的每件商品都貼妥價格標籤，稱得上童叟無欺。不過，區區一個小哨子、銀湯匙就要價幾鎊（折合台幣數百元），下手前確得細細思量。幾番琢磨，一直嚷嚷買買買的我，最終在印度民俗店購入一串由大象、彩球組合的風鈴，經過粟媽對老闆幾番「曉以大義」，這才如願殺下兩塊錢，以十全十美的10鎊成交。

粟子經驗談：波多貝羅市集內的實體店鋪多不接受殺價
（老闆以甜中帶苦的笑容搖頭婉拒），小部分可砍去零頭
（像粟家光顧的印度店）；流動攤位則稍有彈性，唯幅度
有限（至多八折），以A4 Size的懷舊鐵牌為例，可由標價
15殺至12鎊，買得越多越有議價空間。

眼睛吃蛋糕

沿波多貝羅路前行，兩側攤販類型漸漸轉變，古玩、服飾陸
續退場，主角由蔬菜水果、新鮮魚肉和麵包糕點取代。不同
於觀光氣氛濃厚的前段，這裡的顧客以當地人為主，識貨婆
媽、菜籃叔爸，全都目不轉睛精挑細選。

自清晨五點抵達倫敦，從此「滴米未進」的我，再也耐不住
腸胃饑腸轆轆的哀嚎，決定展開覓食行動……「只是虛有其
表，不是甜得要死，就是硬得要命，千萬別衝動！」熱愛糕
點的粟媽憶起前次到倫敦旅遊，對蛋糕麵包的「金玉其外」
著迷非常，未料買回旅社享用時，卻有「眼見不為憑」的感
慨。一向很「聽媽媽的話」的我，乖乖站在蛋糕麵包旁仔細
端詳，果真發現集紮實巨大昂貴於一身的麵粉產品，並不適
合吃慣小巧鬆軟麵包的台灣客。此外，人稱「食神」的阿姨
到倫敦探親時，也一時衝動掃了四、五種甜點，全部咬一口
就告投降，「根本不是想像的味道，甜得要命！」至今仍是
歷歷在目。坦白說，堆滿整攤的烘焙品固然賞心悅目，但建
議大家還是盡可能忍耐，頂多先買一個試試看，否則難保不
成為您此行「最甜蜜的負擔」！

食客絡繹的佛心熱狗攤

佛心來的熱狗攤

熱呼呼是對餐點的基本要求，無奈在逐漸轉涼的十月倫敦，想找個能夠邊走邊吃的平價熱食，遠比想像困難許多。尋尋覓覓，直到遇見直冒白煙的「德式熱狗攤」，空轉多時的腸胃才終於獲得救贖。

裡外以德國國旗「黑紅黃」為主色裝飾的活動熟食攤，由俐落老闆娘掌控全局，只見她熟練地煎熱狗、烤雞肉、放配料，餵飽大排長龍的血拼族。收到餐點要求，熱到臉頰白裡透紅的她，迅速將香噴噴的熱狗夾入長型麵包、放進滿溢酸菜，就直接交給客人自助加醬。抱著實驗精神，我將所有瓶子快擠一趟，成就美味可口的「精神百倍熱狗」！不只這項商品，小貨車內還有烤雞、燒肉、煮豆子等多元選擇。價錢方面，一開始嫌2鎊要價太高，但在倫敦奔走幾日，遍尋不著類似好味，才驚覺這間熱狗攤位夠燙又夠吃，真是市區難得一見的良心事業。

號稱一千五百家店鋪的波多貝羅市集，的確名不虛傳，自詡很有好奇心的朋友，出發前務必記得儲備體力、換上球鞋，如此必能

逛逛周邊街道，不定有想不到的收穫！

逛得盡興、買得如意。在人潮最旺的週末假日前往市集，切記注意財物安全，小心荷包露白，避免成為扒手鎖定的肥羊。最後，市集攤販多使用現金交易，面額20鎊以下的鈔票最實用，部分小店甚至不提供50、100鎊的大鈔找零，出發前可先在旅社或銀行換些小額紙鈔，免去不必要的麻煩。

週末午後，市集人潮洶湧

肯頓市集隨處可見酷炫立體招牌

肯頓市集──搞怪族必buy聖地

位於肯頓運河畔、日日開張的肯頓市集，以另類搞怪闖出名號，尤其深獲龐克（punk）喜愛，偏好稀奇古怪玩意的朋友，這兒更是非去不可的必buy聖地。旅遊指南裡「花枝招展」的招牌與「刺蝟頭＋金屬配件＋皮衣＋緊身褲＋身上打洞」的龐克高手，腦中立刻浮現滿街是「辣人」的酷炫畫面，摩拳擦掌期待這趟多元文化之旅。

粟子小百科

肯頓市集由六個風格不同的區塊組成，各有獨特風情。Camden Lock Village（肯頓水門市場）沿著運河旁道路，商品以服飾、少數民族樂器、雕刻品為主；Camden Lock Market（運河市場）屬工藝品市場，如：二手服飾、珠寶、書籍等；Camden Market（Buck Street Market）為露天服飾市集，有許多老闆自行設計的個性商品；Market Hall位於二層建築物內，展示古董、服飾、畫作、飾品等多樣商品；Stables Market（馬廠市場）是占地最廣的部分，包括：室內、室外和攤位三類，販賣家具、裝飾品、手工藝品、二手舊貨、百年內（二十世紀前後）古物（如：黑膠唱機、航海圖、舊文件、手風箱等）；Inverness Street為百年老街市場，主要販賣鮮果蔬菜，也有一些歐陸酒吧和餐廳。

特色招牌看不完

走出地鐵站、沿著肯頓高街往運河方向前進，旋被天馬行空的立體招牌和鮮豔色彩的店面吸住目光。儘管這些磚造的三層樓房年代久遠，但經巧手改造，瞬間發揮懷舊與新潮對比的反差效果。穿球鞋的蠍子、帥氣搖滾樂手、無敵巨型搖椅……突破刻板界線，化一切不可能變為可能。想得到與想不到的創意，全鑲嵌在兩層樓高的牆面，五彩繽紛的魅力更勝店內商品。肯頓高街兩旁的招牌，不僅具廣告功能，更肩負展現老闆理念的重要任務，想當然爾，大家無不使出渾身解數，就為在花招盡出的市集突破重圍。

1_五花八門的龐克風店面
2_英式搖滾風蔓延

肯頓市集（Camden Market）

市集範圍／歷史可追溯至十八世紀，鄰近的肯頓運河為當時肩負買賣商戶的水道重心，肯頓水門（Camden Lock）周邊逐漸形成商販聚集的場所，市集以主要道路肯頓高街（Camden High Street）為軸心向外發展

營業時間／每日AM10：00～PM6：00（週末假日攤位最多，全年僅聖誕節休市）

前往方式／地鐵「Camden Town」站步行5分鐘即進入市集範圍。

附註：肯頓市集遊人如織，部分商店集中區時時處在動彈不得狀態，扒手難免伺機而動，眼花撩亂之餘務必注意隨身物品。

酷！連搖椅都能當招牌

多樣店鋪饗視覺

以肯頓高街為中心的肯頓市集，左側是最精華的肯頓水門市場、馬廄市場，右邊為肯頓運河碼頭與規模較小、充斥異國風味的運河市場。比鄰而居的水門和馬廄市場並非壁壘分明，奔竄其間常不知身在何方，反正秉持「跟著人群走」原則，就能盡情大飽眼福。店家無論裝潢布置、商品挑選都很獨到，如：堆滿各式長短鼓的打擊樂器店，陳列上百水煙袋的埃及華麗小鋪，門面樸素、店內別有洞天的非洲民俗專賣店……應有盡有。除上述少見的商店，市集內也有許多販售流行服飾、配件飾品、背包皮箱等攤位，形式類似香港九龍的「女

人街」，讓跟隨主流時尚的「平凡人」也有盡情購物的園地。

時間逼近中午時分，原本空曠的街道逐漸擁擠，酷男酷女紛紛出籠。「這就是傳說中的龐克？」同批人要是在台灣出現，肯定成為目光焦點，十有七八還會登上SNG實況轉播！不過，在龐克聚集的肯頓市集，就算再特立獨行、出盡花招，旁人也不會大驚小怪。這種「視而不見」的沉默尊重，確是倫敦身為國際都市，最深得我心的包容力。

超強創意DIY

結束平面奔走，跟隨動線繞回水門市場，再循階梯登上二樓，意外發

1_肯頓水門市場
2_肯頓市集
3_中午時分摩肩擦踵
4_肯頓運河

1_龐克也買紀念品？是服務凡人觀光客　2_如入異國之境的非洲民俗店

　　掘DIY高手祕境！和「大量生產」的標準化商品不同，「獨一無二」是藝術家老闆的共同堅持，不需昂貴材料工具，就能創造出令人驚嘆的作品。眾巧思中，一間將廢電路板變身吊燈、時鐘、耳環及筆記本封面的攤位，尤其令粟家印象深刻。老闆以綠光為主色系，成功營造科幻感，達到吸引目光的效果。遺憾的是，駐足良久且讚不絕口的粟家母女，很想給他一些「實質鼓勵」，無奈中意的動輒數百鎊、稍便宜的又看不上（典型眼高手低），只得給予「口頭獎勵」悄然離去。

1_非洲彈撥樂器
2_純天然取材手搖鈴
3_非洲樂器集錦
4_市集也能見到印度水煙袋

粟子經驗談：強調個人創意的攤位（有時是整區），多會
貼上禁止攝影的告示，防止辛苦研發的商品遭到拷貝。若
實在想拍得不得了，可試著與老闆溝通，或許能得到善意
回應。

二手舊貨逛不完

走遍各類商店，獨不見粟家最鍾愛的二手貨，垂頭喪氣之際，單

凱蒂貓粉絲瘋狂的飾品專門店

極具創意的電路版燈

槍匹馬、四處偵察的粟爸帶回好消息：「馬廄市場二樓有好多舊貨！」此話一出，嚷著腿軟的我瞬間腎上腺素大爆發，難道女人真是為血拼而生!?

籃球場大小的二樓商場，左右各有七八間舊貨店，中央走道僅夠兩人擦身而過，唯一共通點是，商品都是經過二手三手四手甚至N手的老東西。老闆對客人採放任態度，有的到隔壁串門子，有的窩在角落看書，如不主動詢問，他也不會主動搭理。母女檔將擅長「精挑細選」的粟爸放單飛，約好四十分鐘在走道盡頭集合。想不到的是，本以為大買特買的肯定是阿爹，未料嫌貴的他空手而回，反倒是對舊東西最有抵抗力的阿娘大發神威，為倫敦行增添一頁手風箱傳奇！

1_讓粟家瘋狂的二手舊貨區
2_慢慢逛、細細找，說不準能挖到寶！
3_舊貨店什麼都有、什麼都賣、什麼都不奇怪！

1_我愛不釋手的懷舊招牌
2_手繪植物、航海圖專賣店
3_價格不斐的復古唱機

我愛手風箱

粟媽是三口人中對「老貨」最不感興趣的一位，每每遇上二手店行程，總顯得意興闌珊。話雖如此，她卻不能安心休息，因為深深瞭解丈夫女兒「容易被騙」且「不會還價」的個性，仍得亦步亦趨在旁待命，負起「理性購物者」的重要任

1_物超所質手風箱
2_舊貨店老闆信仰「沉默是金」

務。這個手風箱的故事，正是源自粟媽訓練有術的殺價金頭腦……

愛骨肉超過另一半的粟媽，選擇陪女兒逛街，正當我猶豫要不要買燭台、玻璃杯一類易碎品，她笑嘻嘻靠近：「這個造型復古，外面還鍍了一層銀，不容易破又好帶，標價才10鎊，而且還是用真皮的！」眼前是個爺爺級手風箱，未上潤滑油的它發出「嘎唧嘎唧」聲。既然粟媽「躍躍欲試」，我當然樂得順水推舟，點頭如搗蒜。沒想到，此時她竟語出驚人：「買兩個好了，這樣好殺（價），一大一小讓老闆算我們15鎊……不然把三個都買下來，一共20鎊啦！」「什麼？買三個會不會太多？」我內心OS，但見娘親已進入「備戰狀態」，實在不好潑冷水，趕緊助陣：「媽媽加油！」

一番唇槍舌戰，來自台灣的「手風箱愛好者」討價還價成功，如願以20鎊成交，老闆燃起「酒逢知己千杯少」的熱血，拿出五、

六個號稱非賣品的珍藏手風箱，好險粟媽及時恢復理性，一再堅持「三個就好」，這才全身而退。看著以報紙纏繞、重約三公斤的手風箱，她志得意滿：「平均一個不到10鎊，多划算呀！」

摩肩擦踵的二手店鋪之後，是系列主打單一商品的專賣店，如：堆滿店面的手繪植物與航海地圖、黑膠唱片、價格不菲的唱機等。無奈在高物價的倫敦，即便定價相對公道，實際依舊所費不貲。以復刻版懷舊招牌為例，一塊要價18鎊，愛不釋手的我，來回踱步許久，才在「今天不買明天就會後悔」的覺悟下狠下心付錢。

1_各國老闆忙碌籌備家鄉味
2_一度抱持極高期待的德國熱狗
3_熱狗竟然變成湯的！

1_粟媽以手勢表示香腸要價2鎊！
2_我的媽呀！有廉價香水味

湯香腸，你好難吃！

一早到達肯頓市集，老闆多在繁忙準備狀態，搭棚架、牽電線、整理貨品，全都一手包辦。不只擺攤雜務沉重，還得對抗陣陣刺骨秋風，抽煙祛寒的小哥、跑步取暖的小妹，都冷得直打哆嗦。相較以體溫對抗低溫的同行，集中在運河旁的小吃攤廚師則是一身短打，站在火力全開的瓦斯爐旁烹煮各類醬汁，四周熱氣騰騰。定居倫敦的外國人紛紛拿出看家本領，日式章魚燒、中式炒飯、法式磨菇湯……充斥見過、沒見過的食物。欣賞異國料理同時，意外發現熟悉身影!?廚師小哥熟練翻動超大平鍋裡四、五十條「德國熱狗」，微焦外型就和台灣香腸一模一樣，十天沒見過故鄉料理的當下，我抱著極高期待。鼓起勇氣開口，老闆卻回答還要45分鐘才能吃，「不是已經煎好了？」我納悶想。

兩小時過去，熟食區已不復兩個鐘頭前冷清，到處擠滿「餓狼狼」人類。再見夢想多時的「香腸」，卻是晴天霹靂的震撼……「啥？怎麼變成湯的！」煎得恰到好處時不賣，現在不只加水煮，還放許多「前所未聞」的香料！更嚇人的是，一條在台灣頂多30元的隨手小吃，這兒竟要價2鎊！交貨前，小哥特別大方

馬廏市場入口

送，用鐵夾「撈」了一點醬汁淋在上頭，並做出「非常好吃」的沉醉表情。

「怎麼說呢？是我這輩子沒吃過的味道！」與印象肉質緊實、口味偏甜的香腸徹底相反，除了長得像，口感口味完全是兩回事。肉餡鬆軟，嚼來沒有彈性，飽含香料的醬汁完全滲入，濃烈得讓人有喝廉價香水的錯覺!?長度不超過10公分的「湯香腸」很快成為滯銷貨，雖想勉強自己「不浪費」，但大腦始終發出「吞不下去」紅色警報！

光顧的德國傳統小吃攤，總共有兩個大平鍋，一是湯香腸，另一為蒸得軟爛的香料馬鈴薯泥，兩鍋相互搭配，就是最受歡迎的4鎊套餐。埋怨料理太貴又太怪的我，深深體會飲食文化的差距。儘管「吃」是旅行中錯過可惜的體驗，但最好不要一次買太多，否則屆時不對味，更是傷財傷胃又傷心。

偏愛另類新潮、龐克搖滾或懷舊古早味、多元異國風……全都在多采多姿的肯頓市集完成心願。唯一需要提醒的是，由於六個市場各有特色，不妨行前先擬訂計畫，選出最感興趣的「主力戰場」，再規劃遊覽路線，如此更能事半功倍、買個過癮！

襯裙巷市集

襯裙巷市集──好似洋人五分埔

物價指數奇高的倫敦，食衣住行皆是負擔，路邊櫥窗休閒衣褲動輒百鎊，難道小老百姓各個買得下手？其實，家財萬貫有揮霍之道，精打細算也能吃飽穿暖。想體驗倫敦最「巷子內」的平民購物生活、嘗到道地甜鹹小吃，一睹正宗南亞風情（孟加拉、印度）的民俗藝品，甚至幸運挖到爺爺奶奶的壓箱寶!?以倫敦東區（世貿金融區）中性街（Middlesex Street）為中心的襯裙巷市集，絕對是不容錯過的超級熱點！

襯裙巷市集可追溯回四百年前，是英國現存最古老的市場。十七世紀初，這裡已發展成交換二手衣物、古玩的商業小區；十八世紀中

葉成為服裝製造中心，不久被迫害的猶太移民遷居至此，同樣投入服飾行業，街上滿是各種樣式的內衣和外國布料。上世紀四〇年代，受二次世界大戰摧殘的市集周邊一度沒落，至七〇年代，孟加拉裔為主的新移民湧入，定居在鄰近的磚巷（Brick Lane）一帶，又使她活力再現。

洋人五分埔

平價服飾店鋪類似五分埔

在襯裙巷市集衝鋒陷陣，忽然覺得似曾相識，原來這兒商店以服飾批發為主，和熟悉的台北五分埔、香港女人街有幾分神似。比起搶購滿坑滿谷的平價成衣，觀察老闆樂趣更多，熱情阿嬤奮力叫賣、酷勁小哥冷眼旁觀、印度同鄉母語敘舊……為市集增添繽紛異國氣

襯裙巷市集（Petticoat Lane Market）

市集範圍／由中性街、溫特沃斯街（Wentworth Street）向外擴散。

營業時間／每日AM9：00～PM2：00，平日僅在中性街至溫特沃斯街一帶，週末假日延伸至周邊街道，商品五花八門，攤位數破千。

前往方式／地鐵「Aldgate」或「Aldgate East」站，步行5分鐘即可進入市集範圍。

附註：明明在中性街，為何稱作襯裙巷市集？原來在維多利亞時代（1837～1901），貴族認為Petticoat lane（襯裙巷）意指女性內衣，頗感不雅，因此自作主張將街道改名為Middlesex Street（中性街）。不過，人家還是習慣以襯裙巷稱呼，畢竟此地從古至今，都是以銷售女性內衣聞名的傳統市集。

子彈造型的瑞士保險公司倫敦總部大廈

息。最具臨場感的，莫過來自對岸的商家，移居英國一年的夫妻檔，不僅肆無忌憚以正宗北京話討論商品利潤，更交換對付殺價老外的獨門法寶。

襯裙巷市集早年專賣女性貼身衣物，現在則從內衣擴充至男女服飾、居家用品，無論是套裝、運動服、皮衣、球鞋都能找到。商

家多採薄利多銷策略，定價往往不超過10鎊，只是一分錢一分貨，品質自不能與名牌專櫃相提並論。眼花撩亂的四季服飾外，也有不少專賣小玩意的攤販，塑膠玩具、手錶飾品、鑰匙串、存錢筒、毛襪耳罩……包羅萬象，風格類似台灣的夜市小鋪，唯同樣有品質參差的問題。

超級大子彈

倫敦因應千禧年的到來，陸續建成數個突破常規的摩登建築，泰晤士河畔的倫敦眼、千禧橋與格林威治的巨蛋，都是箇中翹楚。除這些馳名於世的景點，漫步市區也常發現令人驚豔的創意作品，遊走襯裙巷市集途中，抬頭看見的「超大子彈」便是最佳例證。

這棟造型奇特的彈頭高樓全名為「瑞士保險公司倫敦總部大廈」（Swiss Re Headquarters），高180公尺、42層樓，位於倫敦東區金融中心內。鶴立雞群的大廈為建築師Norman Foster操刀，與同樣由其事務所設計的千禧橋與市政廳相同，作品不只試圖顛覆倫敦的古典風格，更講求高科技與環保，精心設計各式機關，如‧為引進充足的光源，外牆全部採用玻璃材質；依循風力自然走向設計建築體，使整棟大樓保持空氣流通，減少空調費用支出。儘管大廈與市集有段距離，但就像欣賞101跨年煙火的金科玉律──距離產生美感，遙遙相望反倒更能體會「銀色子彈」的金屬魅力。

1_舊史必特菲爾市集內
　的小木桶醬菜鋪
2_要價1.5鎊的濃郁甜點

甜點與工藝市集

千里迢迢來到此地，只逛襯裙巷市集未免可惜，「行有餘力」的
朋友不妨尋指標移步，到附近的專門市場——位於大鐵棚下的
「舊史必特菲爾市集」逛逛。和主打服飾的前者不同，這裡處處
可見甜點、醬菜、三明治等熟食攤位。坦白說，老闆精心擺放的
食物固然誘人，但回想前次在肯頓市集「廉價香水香腸」的恐怖
經歷，已將我的冒險精神打回原形。

舊史必特菲爾市集（Old Spitalfields Market）

地　　址／16 Horner Square, Spitalfields, London（在 Commercial Street（商業街）上）

營業時間／每日AM9：30〜5：30（週日特別精彩）

前往方式／地鐵「Liverpool Street」或「Aldgate East」站步行5分鐘即可到達。

官方網站／www.oldspitalfieldsmarket.com

附註：因應金融區土地有限，原本在舊史必特菲爾市集的批發水果、花卉和蔬菜部分，於1991年遷移至新建成、位於東倫敦Waltham Forest郊區、占地12.5公頃的新史必特菲爾市集（New Spitalfields Market），目前有上百商家在此營業，為歐洲先進的園藝專業、各國水果蔬菜集散地。新舊市集距離九點五公里，車程約20分鐘。

「這個應該會好吃！」人稱「甜點王」的粟媽幾經挑選，看中內夾香草奶黃醬的鬆脆千層派。不同於著重研發花樣的台灣糕點師傅，市集內製作傳統糕點的型男主廚，獨鍾情於五種款式，相同產品放滿整桌。各位或許好奇千層派口味，只能說這要價1.5鎊的濃郁好料「物超所油」，讓我一路飽到隔天。

南亞街尋寶樂

舉行主日彌撒的教堂無私放送鐘聲，周圍全沉浸在安詳和平的哈利路亞氣氛，但就在不遠處，聚集南亞裔移民的磚巷（Brick Lane），卻是截然不同的光景……二十世紀七〇年代，

1_產自巴基斯坦的指甲花顏料
2_可直接彩繪的簡便顏料組合

孟加拉為主的勞動和非技術性移民遷入，從此南亞風情吹入倫敦。商家循環播放民俗音樂，獨特旋律令粟家宛如眼鏡蛇上身，雙腳不由自主被引進一間頗具規模的印度風超市。

店內陳設類似標榜樸實無華的全聯福利中心，咖哩粉、辣椒粉與眾多不知名的調味料堆滿貨架，清一色以印度文（或孟加拉文）標示，外國人只得憑外包裝的圖畫猜測。「這裡的咖哩粉肯定美味！」面對深淺不一的黃褐色粉末，塑膠袋旁的英文小字成為挑選圭臬。正準備結帳，又被另一項有趣商品——指甲花（Henna）顏料吸引。記得印度電影女主角結婚時，手腳畫滿象徵好運與祝福的黑色彩繪「曼海蒂」（Mehndi），再經流行天后瑪丹娜「Frozen」（1998）MV手上猶如蕾絲般細緻精巧的指甲花紋身（Henna tattoo），使這項印度傳統禮俗，搖身一變成為風靡全球的時尚元素。

除了南亞系日用品，街上也販售道地南亞食物，櫥窗裡看來厚重甜膩的點心尤其誘人，它的形狀與甜甜圈、麻花相近，多以油炸方式製成。皮膚黝黑的落腮鬍老闆笑瞇瞇迎接「不知該買什麼好」的亞洲遊客，經過一番慎重考慮，粟家母女決定挑戰「徹底未知」的乳白色圓球。打開塑膠袋，一陣奶酸味撲鼻而來，「難道是鹹臭起司球？」和想像的「灑糖粉白巧克力球」天差地遠！為了不讓豎起大拇指的老闆失望，咱們只得含笑吞下Q臭小白球，品嚐永生難忘的絕妙滋味。

粟子小百科

「曼海蒂」是一種以指甲花為顏料的人體彩繪藝術，緣於中亞美索不達米亞，十二世紀傳入印度，盛行於印度、巴基斯坦、中東一帶。新娘婚嫁時，手腳掌背均以指甲花彩繪，除了圖案精美，彩繪顏色越黑、圖案越持久越好（平均可維持一週），前者可以討婆婆歡心，後者則代表夫家富有，妻子進門後有傭人服飾，不用急著「洗手做羹湯」。

南亞商店聚集區

異國情調

週日營業的磚巷市集，顧名思義是以磚巷為中心，比前兩個市集人流更旺，用摩肩擦踵形容也不為過。買賣雙方均以南亞移民為主，商品種類繁多、屬於綜合性質（令我聯想到台北三重的跳蚤市場），無論二手舊貨、小古玩或廉價電器用品都可在此尋獲。部分業餘賣家甚至「席地而賣」，毛毯上放著兩三件不明年代的舊貨，熱愛挖寶的朋友說不定能滿

襯裙巷市集周邊街道

磚巷市集（Brick Lane Market）

市集範圍／由磚巷向外擴散
營業時間／週日AM9：00～PM5：00
前往方式／地鐵「Shoreditch High Street」或「Aldgate East」站，步行5分鐘即可進入市集範圍。

載而歸。附帶一提，粟爸就在這兒以低價（約莫10鎊）購入40年歷史的小燭台，老闆用破報紙層層包裹，相較太太女兒的「不以為然」，堆滿笑臉的他，興奮之情溢於言表。

本以為臉上寫著「我是觀光客」，未料竟有位印度小哥開口問：「How much？」誤會察看照片的我正在街邊兜售相機，瞬間從老外變身老闆！磚巷市集就是這樣一個「什麼都有、什麼都賣、什麼都不奇怪」的妙地方，不去實在可惜。唯需提醒的是，眼睛注意搜索的同時，切記顧好私人物品，別給小偷可趁之機。

眾倫敦市集中，襯裙巷及鄰近的舊史必特菲爾、磚巷市集可謂最庶民化的一群，價格平易近人，新品、舊貨應有盡有。不過，享受大買特買的快意時，務必記得仔細檢查商品，嘻哈鴨舌帽、個性補丁外套、歷經風霜蠟燭台⋯⋯鋩鋩角角都要看明看清，否則辛苦扛回家才察覺瑕疵，可就追討無門囉！

溫莎古堡尋幽

LONDON

+
溫莎古堡尋幽

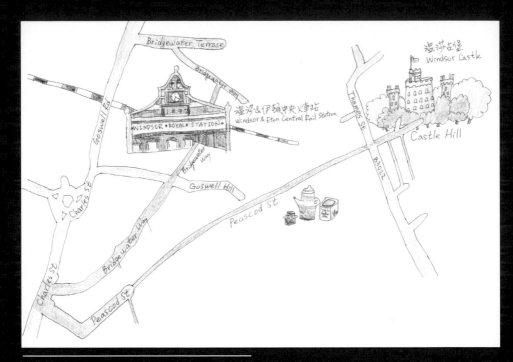

溫莎地圖

搭車：見識英國人的酷

北京紫禁城、巴黎凡爾賽宮……王室榮耀金碧輝煌，無奈事過境遷，權傾一時的皇家陸續被民主火焰吞噬，國王公主被迫落入凡間，宮殿不再神祕，成為對世界開放的博物館。相對人去樓空的昨日黃花，現今英女皇的居所「溫莎古堡」（Windsor Castle）顯得格外真實有人味，處處流露貴族氣息。古

1_英女王的家──溫莎古堡
2_古堡建築古典厚實

堡內蒐羅世界各地奇花異草、稀奇古怪戰利品，無論生死都
是見證「日不落國」光榮歷史的最佳例證。當然，作為一座
「稱職古堡」，免不了有鬼影幢幢的靈異傳聞，對熱中此道
的遊客，更是大大加分的附加價值！

位在泰晤士河岸山丘上的溫莎古堡，最初為威廉一世（征服
者威廉William the Conqueror）於1066年興建的要塞城堡，
經過數百年演變，逐漸由防禦工事轉為英王住所。1952年，
伊麗莎白二世登基，更決定將溫莎古堡作為她的主要修養
所。古堡占地5.26公頃，是現今世上最大的人居城堡之一，
內部分成上、中、下三區（Upper Ward、Middle Ward、
Lower Ward），需依規定路線參觀，上區是城堡精華，內
有迎接外賓的謁見廳（Audience Chamber）、滑鐵盧廳

溫莎（Windsor）

所在位置／英格蘭東南部伯克郡（Berkshire）內、泰晤士河南岸小鎮

前往方式／由倫敦出發到溫莎可選擇兩種路線，西線和南線。西線（First Great Western Link）從「Paddington」搭火車到「Slough」再轉車至「Windsor & Eton Central」，第一段車距10~15分，車程21分；第二段車距30分（轉車者通常只需等待6分鐘），車程6分，總車程33分鐘。南線（South West Trains）在「Waterloo」乘直達火車到「Windsor & Eton Riverside」，坐至最後一站，不需傷神費腦筋，全程53分鐘。粟家此次選擇前者，雖然需要轉車，但班次密集、速度快，且出站就是溫莎最熱鬧的市中心「Central」，非常便利／反觀「Riverside」在市區與郊區交界，稍嫌冷清。建議各位結束溫莎古堡遊覽後，行有餘力，再步行至「Riverside」站，悠哉欣賞秀麗風景。

班車時刻／由倫敦「Paddington」經「Slough」至「Windsor & Eton Central」的班車，自AM5：25開出首班，每小時的20、50分均有車，即6：20、6：50、7：20、7：50……以此類推，除首班車程耗時59分、其餘為33分鐘。

旅客中心／www.windsor.gov.uk

附註：溫莎鎮上還有一間知名頂尖男子學校……伊頓公學（Eton College），位在古堡北邊零點九公里處（步行約十五分鐘），威廉、哈利王子都畢業於這所學校。

（Waterloo Chamber）、女皇交誼廳（Queen's Ballroom）等，展示無數皇家珍品。別以為冷冰冰的古堡裡沒有真愛，1936年登基的愛德華八世義無反顧愛上有過離婚紀錄的辛普森夫人，更毅然為她拋棄皇位，由國王降為公爵，他正是全球熟知「不愛江山愛美人」的溫莎公爵。

除了非去不可的溫莎古堡，環繞其外的溫莎小鎮同樣韻味十足。三步一間的純樸小巧紀念品鋪、英國風的精緻專賣店、販賣名牌服飾的平價賣場、救濟貧童的二手貨拍賣……裡裡外外都令人目不暇給！

勇敢換來的溫莎車票

狂奔找月台

旅遊指南的簡略用詞，往往會傳達「搭車很簡單」的錯誤訊息，其實從買票、轉車到抵達目的，皆是一連串充滿挑戰的探險過程。此次前往溫莎途中，一向擔任輕鬆團員的我，被臨時指派「買票」的任務。「三張票、當天來回！」「one day return」、「three tickets」……腦內奔竄連串的「中翻英」短詞，正是英語年久失修的代價。既已火燒眉毛，乾脆抱著豁出去的心情，說不通大不了比手畫腳。或許是心情放鬆，口齒反倒清晰，壯碩售票員含笑點頭，我也樂得六張票（三人來回）到手。

由於火車票上僅標明「啟程」與「目的」，所以只要到「Slough」車站（粟家採取Paddington→Slough→Windsor & Eton Central路線），無論任何車種都可搭乘。透過飛速翻轉的告示牌，找到欲搭乘列車的月台號碼，接下來就是跟著指示狂奔。儘管標示清晰，但身處諾大的Paddington站，哪怕天天搭乘的識途老馬，也難保不會「一失足成鬼打牆」！

粟子經驗談：英國火車計價方式與台灣不同，不分車種快慢（像台灣的莒光號、自強號即因速度不同有價差），而以「行車距離」為準，例如：從「Paddington」至「Windsor & Eton Central」的單乘票均一價8鎊，來回為15.4鎊（平均一趟7.7鎊）。欲先查詢火車時刻票、預定車票，可參考「National Rail Enquiries」網站，網址：ojp.nationalrail.co.uk。

小英，好酷！

月台等車的短暫時間，即使活動空間有限，「小英」還是堅持與他人保持安全距離，無論西裝革履的上班族、專心聽音樂的大學生、牽腳踏車的休閒老爹，皆是一副「別靠近我」的撲克臉。如此不喜歡肢體接觸，恐怕無福消受中國大陸「人貼人」的黏巴達式排隊狠招！附帶一提，粟家曾有數次在內地購買火車票的經驗，人如浪潮滔滔湧入，室內溫度迅速飆升，氣氛以「逃難」形容不為過，這也是我生平第一次真正熱血沸騰！

火車緩緩進站，角落看書的酷男靚女靜靜往車門移動，自發排隊等候。門一開，始終盤據停止線後首位的腳踏車大叔，如願拿下第一，只見他好整以暇將坐騎以魔鬼黏固定車門旁，幾乎堵住一半通道，陸續上車的人紛紛自動繞過，對他視若無睹。有趣的是，即使每個人都像老鷹抓小雞般尋找空位，但面部表情依舊酷酷，就算看上的位置被搶走，也會不著痕跡離開，成功與失敗，一切盡在不言中。

火車快飛！

在「Slough」站等候轉車，月台不時呼嘯而過的班次，令初來乍到的觀光客驚呼連連。坦白說，外表上了年紀的火車，竟有動輒時速140公里的高鐵實力，真是快得讓人瞠目結舌！

多數來到「Slough」站的乘客，都以溫莎為目的，因此只要順著人群走（站內也有明確指示），

利用搭火車空檔溫習古堡資料

就能找到轉車的第一月台。和台北捷運七張到小碧潭類似，「Slough」與「Windsor & Eton Central」是相距僅6分鐘車程的短程路線，避開上下班尖峰時間，十有八九能坐著悠哉欣賞清新純淨的鄉村美景。

英國火車站多採取開放式榮譽制度，不設統一驗票閘口，僅在火車上隨機查核車票，乘客可任意進出。各位或許好奇，在票價偏高又不硬性驗票的情況下，豈不是助長逃票？其實，多數乘客都會誠實買票，畢竟誰也不想背負良心譴責。當然，懲罰性的超高額罰金，也是另一個讓大家不敢輕易「觸法」的主要原因。

需要提醒的是，英國不像台灣可隨時向查票員買或補票，一旦被偶爾現身的他們查獲無票上車、車資不足、身份不對（沒有學生證卻買學生票、非團體卻買團體票），就毫不考慮祭出罰單伺候，價錢可能是票價的數倍。切莫為了省小錢，面子裡子兩失，屆時可就真的欲哭無淚了！

豐富的站前店，令人「樂不思堡」！

購物：就是愛買老古董

火車飛速抵達溫莎，由於時間尚早，我們決定以古堡為目標，享受難得的徒步漫遊。實際上，位於市中心的「Windsor & Eton Central」車站，四周是琳瑯滿目的精品商店，新潮服飾、摩登配件、家飾寢具……豐富多樣，輕易挑起粟家三口的購物欲望，人人心滿意足！多數參觀溫莎古堡的遊客，都選在中午前後抵達，雖然熱鬧卻少了悠閒遊走的舒適感。喜愛清靜的朋友，不妨提早至九點以前出發，到時正巧店面剛開、人煙稀少，品嚐早起鳥兒的恣意特權。

粟子經驗談：由「Windsor & Eton Central」站至溫莎古堡的最佳路線（走得最少、逛得最多）為出車站往東南方向走Bridgewater Way，於Charles Street路口左轉，至Peascod Street（行人專用街）右轉，路底就是古堡所在的Windsor Hill。

娘愛亮晶晶

此次英倫行，最愛買的莫過本小姐，精緻陶瓷首飾盒、非洲民俗樂器、懷舊廣告鐵牌……不分輕重大小一律通殺，瘋狂行徑和老僧入定的粟媽截然不同。記得十餘年前，雙親曾進行長達月餘的歐洲旅行，當年尚未「參透紅塵」的娘親，買了整套眼鏡

溫莎古堡尋幽

1_溫莎小鎮處處是美景
2_想逛得更盡興，不妨在車站內購買一份溫莎地圖

1_少不了精心布置的特色小店
2_溫莎連人孔蓋都走古堡風

蛇與花豹造型的華麗配件,從耳環、手鐲到腳鍊,數量多得驚人。「要是年輕時看到這些亮晶晶的東西,一定忍不住亂買,但……現在都沒興趣啦!」在波多貝羅市集(Portobello Market),無論我怎樣鼓勵,她依舊心如止水:「浪費錢,買回家生灰!」然而,一切理性冷靜在溫莎車站旁的時尚服飾店瓦解,Bring Bring水鑽短外套、鑲鑽閃亮墨鏡、圖騰刺繡針織毛衣……應有盡有,哪有不下手的道理!?

類似店面不只一間,不少商家都走在潮流尖端,價錢僅是倫敦市區的九至七折,親切的店員從不多嘴干擾,不逛不買實在可惜。對原來只是計畫看古堡的咱們而言,真是意想不到的收穫!

 溫莎車站購物中心
(Windsor Royal Station Shopping Center)

地　　址／Windsor Royal Station, Jubilee Arch, Windsor, West Berkshire(鄰近Windsor & Eton Central車站)
營業時間／週一至六AM10:00～PM6:00
　　　　　週日AM11:00～PM5:00
官方網站／www.windsorroyalshopping.co.uk

1_粟家購買欲望大爆發的可愛二手店
2_向有點糊塗（難道是大智若愚！）的老公公殺價中

舊貨樂無窮

由西南直通古堡的Peascod Street，是溫
莎最古老的街道，百年來，許多攝影師、
畫家都喜歡以照相機與畫筆紀錄不同時代
的風情，累積至今，就可透過這些作品
見證它的成長興衰。環遊Peascod Street
今昔的同時，街邊綿延百公尺的商家更
有看頭，我們就在此發現一間飽藏新舊
物品的愛心籌款跳蚤店「Thames Valley
Hospice」。鋪子由一對年過七十的老夫
妻經營，商品部分來自善心人士贈與，部
分是兩人購入多年但已用不到的二手雜
貨，從年曆、聖誕裝飾品到保暖大衣，
無所不包。難能可貴的是，「Thames
Valley Hospice」不以營利為目的，所得
扣除營業成本，全部捐給慈善機構。

店內特色小玩意超過百件，以「亂中有
序」方式陳列，老東西同好（即粟爸與

1

2

1_等我幾十年的聖誕
老公公（1.25鎊）
2_金色蝴蝶飾品要價2
鎊，值得值得！

我）猶如進入寶庫，幾個小時都出不來！尋尋覓覓，我挑中金粉蝴蝶圖案的小鐵盒、上面鑲嵌金銀色蝴蝶的細長鐵棒飾品和可愛純樸的聖誕老公公飾品。其中，放在紙盒裡的聖誕飾品，用來包裹的泡棉已經泛黃，就像沉睡百年的白雪公主。粟媽見我愛不釋手，再度提起她的溫馨宿命論：「聖誕老公公早在幾十年前，就在這裡等妳囉！」結帳途中，老奶奶好奇問客人從哪來、要待多久？親切問候讓我應接不暇，一時間竟忘了最重要的殺價！我笑瞇瞇向在店外納涼的粟媽分享戰利品，在店裡蹲超過半小時的粟爸，同時發出呼叫訊號。原來是好東西太多，他拿不定主意，於是請出果斷太太協助取捨。

粟媽最甜蜜的負擔——
八鎊繡花萬能外套

8鎊物語

相較於先生女兒對舊貨的鍾愛，粟媽更喜歡「乾乾淨淨」的一手貨。不過，這並不代表她能對此徹底免疫，被我暱稱為「8鎊物語」的故事，就是她在這間店發生的妙趣插曲……

粟媽出國一向奉行輕裝簡便，哪怕前往零度以下的西藏、內蒙古、阿拉斯加，都堅持只帶一兩件禦寒冬衣，她的理由是：「衣服佔地方又重，白費力氣！」所以當她看上店裡的「無敵厚繡花大夾克」時，簡直不敢相信我的眼睛！粟媽將老奶奶口中防雨防雪防風又保暖的輕軟夾克在面前比來比去，理智與欲望不斷拔河：「會不會太大件？可是才賣8鎊耶！」「媽，這件夾克已在這裡等妳好幾年了！」我拾人牙慧的鼓舞，成為粟媽下決

享受英式下午茶，買茶壺先！

直爬Peascod Street就是溫莎古堡

心掏錢的最後一根稻草。從此，這件簡稱「8鎊」的夾克成為旅途裡最甜蜜的負擔，每逢行李爆滿，「8鎊」就被率先丟出，然後再勉強塞進另一個箱子的隙縫。「媽媽的『8鎊』真可愛！」我抱著「彩衣娛親」的心情逗笑，惹得她繃臉回：「都是妳這臭孩子害我的！」

離去前，老奶奶似對「8鎊」特別不捨，因為這正是老伴數十年前買給她的結婚週年禮。「可惜從來不合身！」她苦笑回憶，言談間頗有「連太太身材都弄不清」的埋怨。站在一旁的老爺爺不知是真沒聽到或裝傻，從頭到尾就是一個勁地陪笑臉。

作為通往溫莎古堡的要道，Peascod Street盡是各式各樣的專賣店，各家裝潢用心、賞心悅目。除了熟悉的紀念品（多以英國皇室為主角），還有專賣果醬、咖啡、茶具甚至馬鞍的可愛主題小鋪。不瞞各位，經過幾番掙扎，我購入一個所費不貲的英式陶瓷茶壺，這件百分百的易碎品，穩居旅途中嬌貴排行榜第一名。

古堡：衛兵交接輕鬆看

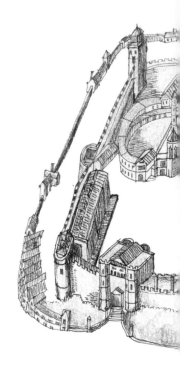

如同 台北101，無論身在溫莎何處，只要抬頭望，就能見到位在Windsor Hill的古堡，不必擔心因亂竄而混淆方向。沿著Peascod Street上坡路段，眼前逐漸清晰的中世紀堡壘建築，就是英女皇的超級豪宅！

溫莎古堡為英國王室目前居中所最古老的一座，也是歷代建築技術的縮影，除城堡主體，堡內亦有教堂以及供主管、騎士、主教、教士等的居所與辦公室。女王每年春季會在此地正式居住，私人週末也常在這兒度過，據說英國皇室成員也和女王一樣，喜歡輕鬆悠閒的古堡多過喧囂市區的白金漢宮。想知道女王在不在家？古堡頂上的旗幟會洩漏端倪，在就亮出皇室王旗，非則懸掛英國國旗，同理可證於白金漢宮。

溫莎古堡

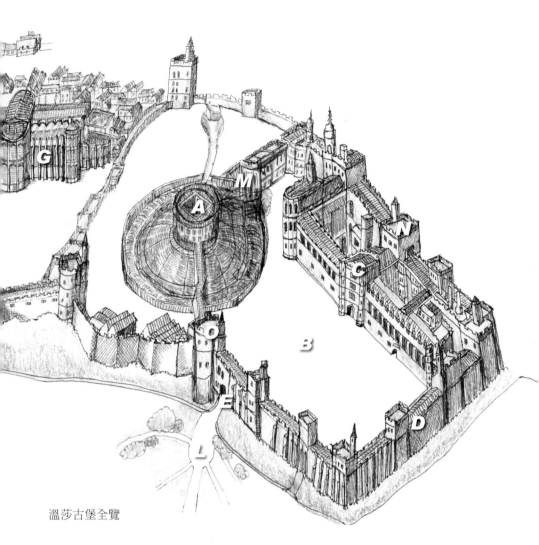

溫莎古堡全覽

A：圓塔 (The round tower)

B：上區 (The Upper Ward) 庭院

C：國家排突大廳 (The State Apartments)

D：私人套房 (Private Apartments)

E：南翼 (South Wing)

F：下區 (Lower Ward)

G：聖喬治禮堂 (St George's Chapel)

H：馬蹄迴郎 (Horseshoe Cloister)

K：亨利八世門 (King Henry VIII Gate)

L：長徑 (The Long Walk)

M：諾曼門 (Norman Gate)

N：北陽台 (North Terrace)

O：愛德華三世塔 (Edward III Tower)

T：晚鐘塔 (The Curfew Tower)

溫莎古堡（Windsor Castle）

開放時間／夏季（五月～八月）週一至五AM9：30～PM5：
30、週六AM9：30～PM5：00、週日AM10：00～PM4：00；
冬季（九月～隔年四月）週一至六AM10：00～PM5：00、週
日AM10：00～PM4：00。

門票價格／成人16鎊、五至十六歲9.5鎊、四歲以下免費，長者
（60歲以上）和學生優惠票14.5鎊。語音導覽免費。

官方網站／www.windsor.gov.uk

1_維多利亞女王雕像
2_互補互助的警察拍檔

堡外有看頭

未到開放時間，不得其門而入的遊客，有
的在圍繞城堡的法國路（Frances Road）
周遭東張相望，有的和豎立路旁的維多利
亞女王雕像合照。不一會兒，原本零零散
散的目光被大隊人馬吸引，兩位來自印度
的俊男美女，認真聽從導演指示，反覆在
古堡前奔來跑去、唱跳自如，百分百是男
女主角追逐嬉鬧的愛情橋段（與瓊瑤電影
的沙灘奔跑、樹林躲貓貓極其相似）。外
景隊陣仗龐大，甚至動用大型機具吊鋼
絲，不惜一擲千金，就為將溫莎美景帶入
印度電影，真不愧是大名鼎鼎的寶萊塢！

劇組大費周章的同時，周圍也出現數位協
助維護秩序的警官，兩兩一組的隊員，高
大壯碩的男警官與嬌小玲瓏女警官，徹底
實踐互補分配法。保持警戒之餘，也不時
交換意見，看來是相當熟悉的拍檔。不只

古堡前法國路

溫莎，英倫旅行期間多次遇見外型條件差異頗大的巡邏隊伍，各盡其能，發揮一加一大於二的絕佳效果。

導覽好伴侶

非旺季加上剛開門，古堡入口沒有預料的長長人龍，短暫等待幾分鐘，即順利買到門票。看著價目表，學生票竟便宜1.5鎊，既然我有學生證，理所當然應該試試看。售票小哥看著中文證件，先狐疑後微笑：「雖然我看不懂上面寫什麼，但是應該沒問題。」簡單的小動作，就省下一個便當錢！

1_購票前記得亮出學生證
2_溫莎古堡官方導覽手冊
（中文版）

經過媲美機場等級的詳盡安檢，終於進入女王地盤。相較舌燦蓮花導遊相伴的旅行團，背包客除了依靠形形色色的旅遊指南，想知道更多「內幕消息」，就得求教古堡自行編輯的《溫莎堡官方導覽》（中文版）。印刷精美的冊子固然不便宜，但其豐富內容（包括：歷史沿革、藏品重點介紹、1992年蔓延十五小時的大火災等……）與獨門照片（堡內各廳室均不准攝影）都令人深感物超所值。附帶一提，由英人製作的中文手冊有些句子語意不清，推估原因，十有八九是英文原稿直譯成中文的「遺毒」，即逆向洋涇浜!?一如用Google翻譯功能時的感嘆：「眼前雖是中文字，卻怎麼也讀不通！」

> 粟子經驗談：購買門票、車票時，若欲使用學生優惠，最好出示國際學生證，畢竟不是所有人都像粟家遇到的小哥那般「給人方便」。具國內外學生身份者，可在出發前向「中華民國國際青年之家協會」申請，辦理方式有臨櫃、通訊兩種，詳情請見該協會網站：http://www.yh.org.tw/

逼近十一點，為欣賞古堡內的禁衛軍交接儀式，我們加快腳步往「下區」（Lower Ward）「聖喬治禮堂」（St George's Chapel）前的廣場移動。白金漢宮前人山人海的場景記憶猶新，我做好盡力拼搏的心理準備，未料一切竟和想像中完全不同……現場不過一兩百位觀眾，輕輕鬆鬆站到第一排，而且要多近有多近，與白金漢宮的瘋狂情景相比，實在太沒挑戰性！

禁衛軍表演同時，耳畔出現熟悉語言：「這群阿豆仔從來從去，到底為啥咪？」來自台灣的歐巴桑意興闌珊靠在石欄杆旁，她們

笑言昨天才在白金漢宮看過類似表演，今天又來一次，難道英國只有這個可看？

粟子經驗談：溫莎古堡的禁衛軍交接儀式為每年四至六月每天（週日除外）AM11：00開始，其他月份隔日進行。堡內除上述大規模的換班表演，偶爾也能見到幾人小隊在堡內快步奔走（推估是小規模換班）的可愛畫面，但由於有任務在身，通常無法駐足與遊客合照。

1_由下區遠眺古堡
2_衛兵交接看到飽
3_樂隊演奏很起勁
4_交接結束，衛兵打道回府

寧靜的下區

徒步：放下相機用心瞧

禁衛軍交接儀式進入尾聲，疲憊不堪的歐巴桑團被導遊趕往下一個景點，相較身不由己的同胞，自助行的粟家深刻體會「決定權在我」的優勢。參觀占地廣闊的溫莎古堡，在腳不沾地的情況下，最少仍需要五六個小時。話雖如此，多數行程緊湊的旅行團，頂多在此兩三個鐘頭，扣除等待團員集合、上廁所的時間，頂多走馬看花，哪有機會「細嚼慢嚥」古堡美景？寫到這，不免想起與歐巴桑分手時，她的有感而發：「像你們這樣好，可以慢慢看，像我們這樣，天天被帶來帶去，只知道這裡是英國，其他啥咪攏嘸哉。」

做為女王的家，溫莎古堡的確皇家氣質濃厚，非常值得一遊。希望有效率又深怕漏看美景？記得在門口索取免費簡介或購買導覽手冊，大致瞭解古堡內的景點配置與動線。簡介也提供實用的「Castle Plan」供遊客參考，不只有路線規劃，亦標明洗手間、Baby-care room等，十分貼心。

外面看來十分低調的教堂窗戶

偷拍記

位在「下區」的「聖喬治禮堂」可謂古堡的王牌景點，教堂內描繪的聖人形象與以聖經故事為主軸的彩繪玻璃，細緻做工堪稱一絕！對熱中以「相片寫旅遊日記」的同好而言，一定會對這裡「不能攝影」的限制憋到內傷。眼見身旁老外偷拍成功，我也燃起犯罪念頭：「小心一點，誰會知道呢？」腦中反覆演練「掏相機→憑感覺對準目標→關閃光燈

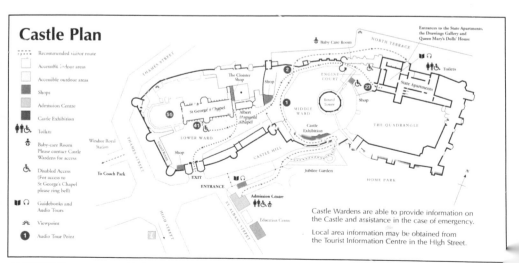

免費提供的Castle Plan簡介

→按下快門→若無其事離開」。在雙親掩護下，緊張小姐果真忙中有錯，閃光燈由關變開，「啪！」寧靜肅穆的教堂瞬間飆出耀眼光芒，我成了人盡皆知的現行犯！

其實，大可不必像粟家這般驚心動魄，只要購買講述教堂點滴的冊子《St George's Chapel》（售價5鎊），就能光明正大收藏眼前古典華麗的珍貴倩影。與其偷拍嚇得手震心跳額頭冒汗，倒不如「放下相機、張開眼睛」，做個遵守規定、不傷害古蹟的好寶寶。

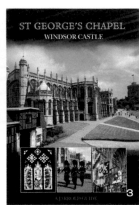

1_裡面竟是絕美彩繪（偷拍！）
2_聖喬治禮堂（摘自紀念冊）
3_想將聖喬治禮堂美景帶回家？紀念冊才是王道

粟子小百科

建於十五世紀的「聖喬治禮堂」是典型的歌德式建築，接替倫敦西敏寺成為近代皇族的埋葬地，亨利六世（Henry VI）、喬治五世（George V）與王后瑪麗（Queen Mary）、愛德華七世（Edward VII）、王后愛麗珊德拉（Queen Alexandra）等均在此長眠。隔壁的「亞伯特紀念禮拜堂」（Albert Memorial Chapel）是維多利亞女王（Queen Victoria，1819～1901）御令改建亨利三世教堂而成，目的為紀念英年早逝的夫婿亞伯特親王（Prince Albert，1819～1861），目前未對外開放。值得一提的是，女王在丈夫過世後，長年隱居溫莎古堡，因此被稱為「溫莎寡婦」。由於女王遠離政治中心倫敦，首相權力因此擴張，導致君主立憲制度更趨完善。

英國國教聖像立牌（開）

慢的道理

結束教堂巡禮，循箭頭指示推開厚重大門，迎面而來就是我最難抗拒的紀念品店。在溫莎古堡，這類為皇室增添收入的特色小鋪所在多有，還會根據景點不同調整商品，有的以昂貴瓷器為主，有的則屬精緻飾品路線。位在喬治教堂旁的攤位，顧名思義，主要陳列英國國教的聖物和繪有皇室圖案的商品。最暢銷的莫過穿著禁衛軍制服的泰迪熊，玩偶兼具可愛與紀念價值，不少遊客一抓三四隻，補貨都來不及。

相較陷入瘋狂的觀光客，收銀小姐顯得氣定神閒。和青春有勁的超商店員不同，祖母級的她細心包裹每件商品，無論眼前累積多少位等著付款的客人，皆不改慢條斯理，詳細處理每筆貨款。「妳的是4.99鎊（皇室紋章海報）加5.99鎊（St. Nicolas飾物）加10.99鎊（木製聖像立牌），總共22鎊。」收下30鎊後，她再以加法細細找錢，「23、24、25……30！」逐個一面將三張1鎊和一張5鎊放在我的手心。

古堡工作人員多是有年紀的長者，他們穿著整齊制服，談吐清一色是優雅的英式英文。動作雖不如年輕人俐落快速，但對古堡的

認識、人生的歷練，以及認真工作的態度都是千金難買的優勢。除此之外，比起快手快腳的7-11小妹，有條不紊的爺爺奶奶，更符合溫莎古堡的莊嚴氣氛。

飽餐一頓

循著往「上區」景點「國家外交大廳」（The State Apartments）指標，抵達大廳門外時，已繞了城堡大半圈。馬不停蹄的奔波使腸胃呱呱叫，粟媽拿出事先準備的自製美味雞肉三明治（可趁晚

1_適合小憩片刻的北陽台　2_巧遇換班禁衛軍
3_連路燈都有皇家氣質　4_北陽台迎面是護城森林

1_流落異鄉的中國大砲　2_還有來自世界的珍奇花草

間超市減價時段買入熱騰騰的烤雞，先當晚餐，隔日再將雞胸配上麵包、美奶滋、生菜、番茄，就是香噴噴的可攜式美食），一家人在「北陽台」（North Terrace）大快朵頤。不只餵飽肚子，此處風景也是萬中選一，一面可仰望古堡建築；另一面俯視環繞四周的護城森林。極佳環境使「北陽台」成為兵家必爭之地，參加校外教學的中學生、遠道而來的夫妻檔、三三兩兩的大學生……人流絡繹。好不容易長椅出缺，趕緊一個箭步衝上，這才有了一席之地。

> 栗子經驗談：在歐洲物價最高的倫敦自助行，「DIY食物」可謂最佳省錢法寶。特別像溫莎古堡一類景點，即使捧著銀子也未必找到合意餐館。別以為只有咱們精打細算，到了中午，不分本地外來，全都拿出三明治、生菜沙拉等簡單不易腐壞的餐點，在樹蔭下享受午後時光。

比鄰北陽台的古堡牆外，放置一座樣式簡單的古代大砲，一看才知，是英國海軍打贏中國後，漂流半個地球、獻給皇室的戰利品。時光流轉，曾經用來摧毀建築與人命的武器，已成遙遠褪色的勳章，偶爾提醒英國獨霸一方的輝煌時刻。

不只外在雄偉，裡頭更有咋舌皇家寶！

驚豔：煞到貴氣皇家寶

美景 美食填飽精神肉體，全身上下恢復滿點氣力，調整心情、抖擻精神，由「國家外交大廳」步入城堡內部。別於堅強厚實的外觀，堡內展覽室「瑪麗王后玩偶屋」（Queen Mary's Dolls' House）、「瓷器博物館」與「國家外交大廳」、「聖喬治禮堂」（St. George's Hall）等全走奢華精緻路線，手槍、長刀以同心圓排列方式掛滿整面牆，瓷器餐具各式花樣多不勝數，見識富甲一方的皇家貴氣。

雕樑畫棟的古堡雖躲過二次大戰轟炸，卻在1992年11月20日遭逢祝融災禍，差點令不少世界珍藏付之一炬。由投射燈引燃窗簾導致的大火，重創位於「上區」北方的「維多利亞女王私人教

堂」，火勢迅速在頂樓水平蔓延，導致「聖喬治禮堂」與「大接待房」被燒毀，「皇室專用教堂」、「國家宴會廳」、「深紅大客廳」與其他附屬房間也遭波及。幸運的是，毀損最嚴重的房間因施工提前清空，減少許多可能的損失。經設計師團隊努力，城堡徹底恢復原狀，遊客已絲毫察覺不到烈焰肆虐的損害。想一窺皇家級寶物、體驗貴族頂級生活？古堡內分門別類的展間，絕讓平民百姓不虛此行！

皇后玩具屋

小而美的瑪麗皇后玩偶屋

一踏進古堡，立刻瞄到我最厭惡的「禁止攝影」立牌，「No photo！」管理員奶奶彷彿看穿遊人心事，不厭其煩善意提醒。步行向前，首先看到「1：12」比例新製作的「瑪麗皇后玩偶屋」（Queen Mary's Dolls' House）。與玩具店常見的芭比別墅不同，玩偶屋就像照了縮小燈的真人豪宅，自來水、電燈、留聲機均可正常運作，甚至酒窖裡小酒瓶裝的，也是貨真價實的陳年佳釀。

古典精緻瓷器工藝技巧超驚人

需留意的是，由於「玩具屋」總吸引眾多遊客駐足，為免推擠造成傷害，管理人員會不時進行總量控制。

1924年贈與英王喬治五世妻子瑪麗皇后的「貴族版娃娃屋」，由艾雲·陸奕斯爵士（Edwin Lutyens）設計。屋內物品均由當時最出名的生產商製造，花園為英國園林設計名師Gertrude Jekyll操刀，對「瑪麗皇后玩偶屋」特別鍾情的朋友，可在此購買專門介紹她的獨立出版品。

瓷器博物館

揮別精緻昂貴到「兒童不宜」的「瑪麗皇后玩偶屋」，眼前竟是超乎想像的華麗磁盤壁飾！這些繪製精美的盤子由鉤子從後方緊緊嵌住，再整齊釘在牆上。坦白說，自進入「瓷器博物館」剎那，上下顎即自動失去咬合能力，一個勁地發出「哇、喔、呀」等讚嘆。

博物館收藏十八、十九世紀英國、歐洲各地知名瓷器製造商的優秀產品，主要為餐碟形式，官方導覽手冊內詳列每個瓷器的來源與用

國家外交大廳超華麗刀劍煙

途。「單單一個『瓷器博物館』就打敗全世界的豪宅！」栗家三口有感而發，畢竟獻給王室的瑰寶，是有錢也買不到的皇家頂級。

刀劍放煙火

對比柔性華麗的「瓷器博物館」，「國家外交大廳」（The State Apartments）則展現國家富強一面。記得每次警方逮獲改造槍械集團，把子彈槍枝排成同心圓的畫面嗎？大廳牆壁上的展示品，就是活脫脫的「古典豪華版」！擦拭啵兒亮的短槍、利刃，就像永不凋謝的武器煙火。同樣為數不少的長槍、長劍，則以兩兩交叉方式陳列，猶如走進中古世紀的圓桌武士場景。

逛遍各展覽室，一度很羨慕「生在帝王家」的我，開始同情他們的遭遇。明明是自己家，卻必須裝潢得富麗堂皇、一塵不染，所有東西加上玻璃罩。更要命的是，還得日日對外開放，宅女如我，肯定是一百個不願意的。虛位元首的日子，有幾分花瓶意味的樣版皇家，已不似外人所見那般光鮮，不知拘謹一生的女王，是否有寧為尋常百姓的感慨？

女王大請客

循動線前行，經過國王寢室、衣帽間、儲物室、王后大客廳、交誼廳、謁見廳等系列專用居所，每個房間均有近三個教室的面積。漫步其間，深覺聰慧管家對豪門生活的重要，若不幸雇用方向感差的伙計，可能逼近中午都還沒吃到早餐吶！

聖喬治禮堂洋溢皇家氣勢

嘉德勳章一覽（全開紙本售價4.99鎊）

「聖喬治禮堂」是所有展覽室中最具王者氣勢的一個，無人不被兩側的「嘉德勳章騎士團」（嘉德勳章是世界上歷史最悠久的騎士勳章，為英國榮譽制度最高一級，僅國君有權授予）紋章盾徽吸引，各式花色圖案，代表一個個擁護皇室的騎士家族。不僅如此，這裡還放置騎士盔甲與長槍、劍、盾牌等全套配備，象徵帝國的武功強盛。作為國家門面的「聖喬治禮堂」，為長方形國家宴會禮堂，坐西朝東，總長約55公尺。1992年發生火災時，禮堂的天花板、雙面風琴均遭焚燬，受創十分慘重，所幸現已修復。直到現在，仍肩負皇家宴請貴賓的重要任務，屆時由女王作東、大開宴席，「聖喬治禮堂」就會搖身一變成為政商名流齊聚、杯觥交錯的貴氣宴會場。

走在規劃完善的旅客單向步道，約十步就會遇到兩位穿著整齊制服、配戴識別證的工作人員。普遍年過半百的他們，不像遊客被限制在欄杆範圍內，而是優雅享受跨越禁止線的「特權」，彼此輕鬆交談或解答觀眾疑惑。實際上，包括溫莎古堡、大英博物館等國家展場，多以年長者擔任解說、管理工作，這類不太耗費體力，又可傳遞知識的職務。至於需要勞動力的差事，就交給腿腳健壯的年輕人，一如在倫敦街道常見小帥哥快速清理路邊垃圾。各年齡層、各盡所能，英國「恰當運用銀髮族生產力」的作法，或許可給邁入高齡化社會的台灣為借鏡。

粟家雙親聯手推薦溫莎古堡

紋章組成元素

特輯：英國皇家紋章

古裝片常見兩軍對峙的雄偉場面，最搶眼莫過寫著雙方君王或將領姓氏的大型旗幟，一如最出名的「赤壁大戰」，「孫」、「曹」大旗盤踞一方，一眼認出是敵是友！類似想法人皆有之，同理可證於千里之外、歷史悠久的英國。話說穿上全副鎧甲的騎士都長一樣，刀劍無眼，如何不錯殺自己人？專屬家族的紋章，絕是最佳識別的利器。

今日看來極具古典氣息的紋章盾徽，最早源自上古時代各部落的代表符號，其實世界各地（如：巴比倫、波斯、中國、日本等）均有相仿機制，貨真價實見圖如見人。中世紀歐洲，盛行騎士單挑競賽，為了便於區別，參賽者通常會將自己或主人的紋章裝飾在盾牌上，司儀以此辨別騎士身份，紋章盾徽也由此成為貴族的象徵。經過長年戰鬥，一些家族累積豐富戰功與聲望，世襲傳承的紋章就成為引以為榮的圖騰。基於榮譽心（或説炫耀更恰當？），成員將紋章刻在房屋或使用器具上，用以標示身份地位和政治立場。

紋章制度受規範前，一些土豪劣紳時常任意冠上紋章假冒貴族，也有部分因設計太過類似造成誤認，種種亂象促使皇室出手整治。國王任命主管紋章的掌旗官負責全權管理，所有紋章都需經過他的認可才取得正式資格。掌旗官責任重大，敵我雙方的紋章都要精通，在戰場上更擔任裁判者和軍使。

隨著紋章越受重視，逐漸發展成一門研究其設計和應用的「紋章學」。其中，對「用色」要求最為嚴謹，每個色彩都有專屬名稱，底色主要有「彩色」（紅、藍、綠、紫、黑、黃等）、「金屬色」（金、銀）、「毛皮紋」（白底黑斑紋、黑底白斑紋、金底黑斑紋、丁字紋、鎖甲紋等）三種。同類顏色不可相接或在同一層面（原意為凸顯深淺對比，使紋章更鮮明易辨），譬如：金色不能與銀色比鄰、紅色不能與紫色比鄰；紅色底不能有綠色標緻，但若紅色底上為白色十字，十字上就可使用藍色。此外，分割為幾個區塊的紋章，以左側最為尊貴。

紋章配色蘊含深厚意義，多與家族自我期許相輔相成。鏜鏜角角博大精深，當作論文題目也不稀奇，下列為常見模式，唬同行朋友已堪足夠……

金色、黃色或金黃色：寬容、寬大、富饒
銀色、白色或銀白色：和平、誠實
紫色、紫紅色：王室尊嚴、君權、公正
茶色、黃褐色：可敬的理想與抱負
藍色：忠誠、真理
紅色：軍人的堅忍、剛毅、高尚的行為
綠色：希望、歡樂、有時也作為忠貞愛情
黑色：堅定、堅貞，有時也暗喻紋章主人的悲傷感情和氣質
血紅色：在戰場上向來謹慎應對，卻依然受到勝利之神眷顧
　　　　的人

紋章兩側的守護獸，從獅子、老虎到野兔、松鼠、蝸牛，各有各的意涵。從挑選的動物，就能看出其家族的性情，與主事者希望傳達的理念。

獅子：視死如歸的勇氣
老虎：臨陣時激發出無與倫比的英勇與鬥志，一旦怒火被激
　　　起將成為可怕的對手
熊：為保護家族而十分凶猛
狼：英勇的頭領、難以被擊敗或阻撓
犀牛：如被喚起，將是很凶猛
大象：勇氣和力量
豹：英勇與堅韌的武士
黑豹：凶猛而美麗的女人、保衛幼小
馬：隨時為國王和王族們效忠而候命

公牛：英勇與寬大的胸襟

野豬：單獨又凶猛的戰士

白羊：權力

野兔：享受和平、鍾愛深居簡出式生活的人

松鼠：樂居於森林懷抱中的退役者

刺蝟：深謀遠慮的施予者

狐狸：善用運用全部精明才智、機敏智慧保護自己

獵犬：勇氣、忠誠

駱駝：忠心君主、耐心、堅定不移

蜜蜂：良好的組織效率

螞蟻：兼具努力、智慧和遠見

蝸牛：深思熟慮、堅定不移

鷹和雙鷹：行動快而敏捷、高位、有崇高精神

魚：靠近海港的國家，商業貿易或擅長海戰

貓頭鷹：時刻都在機警戒備下

燕子：決策果斷機敏

烏鴉：穩定安寧的生活

海豚：仁慈和對孩童的關懷

紋章不只色彩斑斕，內涵更是超乎想像，無論看門道抑或看熱鬧，都別有一番樂趣。想進一步認識的朋友，不妨購入「皇室紋章海報」紀念品，仔細端詳箇中古典風情。

參考資料：

1.英國紋章學
   http://shueco.webnode.tw/

2.紋章學——符號的象徵意義
   http://bsdglzxb.blog.163.com/blog/static/4847609520089143130790/

3.維基百科——紋章

氣氛寧靜的上區

快門：禁衛軍好害羞？

走出眼花撩亂的古堡，此刻就想癱在長椅上歇腿，還沒坐
穩，貪婪眼睛又被「上區」的典雅建築與翠綠草坪吸
引。不只是我，大批觀光客都倚著欄杆往裡瞧，伸長脖子與相機
鏡頭，完整捕捉這片清麗非常的皇家廣場。

寂靜的「上區」，僅剩一名禁衛軍守衛，在守衛亭和遊客止步的
柵欄前遊走，使總想拍下禁衛軍小哥「清晰面部表情」的我，燃
起熊熊鬥志。礙於追求完美的情緒，總想著：「再近一點，再按
快門！」貪心不足與猶豫不決交互作用，導致一再拍到轉身瞬

撲克臉整人高手

發現被照，立即轉彎！

間。或許因為扼腕聲太嘹亮，引起小哥注意，有意整蠱的他開始不著痕跡遠離鏡頭，結果又是一陣哀嘆。見女兒鎩羽，俐落粟媽自願接手，無奈對方越走越遠，拍了半天都是具後現代風情的模糊身影。「禁衛軍太害羞啦！」母女檔自顧自推敲，不知這位小哥下班後，是否會和同僚大吐「被相機追殺」的牢騷！？

剛吃過閉門羹，上帝馬上開一扇窗！離開溫莎古堡前，再次來到先前觀賞衛兵交接儀式的「下區」（旁為古堡出口）， 竟意外達成「近拍」、「合照」雙重心願！

人去樓空的廣場，只有一位禁衛軍駐守，相較只可遠觀（在遊客止步區）的同伴，身畔毫無阻擋的他，擺明是被磨刀霍霍的肥羊。「靠近一點、再靠近一

1_下區的落單禁衛軍，成為遊客眼中合照肥羊！
2_面無表情、心如止水？

點！」粟媽頻頻催促，我步步進逼。無論旁人擺什麼姿勢、做什麼表情，小兵都維持一號酷顏，彷彿活體人形立牌。妙的是，由於他個頭嬌小（推估165公分），使人高馬大的我得彎腰屈膝，撲克臉配上尷尬笑，形成出乎意料的奇異喜感。

瘋狂十連拍進入尾聲，其他遊客也發現這位「落單獵物」，紛紛朝他奔來。「一定是抽到下下籤才到這當班！」很不愛照相的我想，粟媽笑：「說不定大家搶著來，引以為榮吶！」一如莊子與惠子的「魚樂之辯」，其中苦樂只有沉默不語的禁衛軍小哥心裡明白……

特輯：英國皇家禁衛軍

引頸

期盼的禁衛軍（御林軍）交接儀式，常在忙亂與混亂中度過，歪斜照片拍了一堆，卻連眼前是什麼兵都弄不清楚!?類似遺憾屢見不鮮，與其抱問號而歸，倒不如出發前先惡補充電，不定能成為同行眼中博學多聞的才子才女。

白金漢宮前現身的禁衛軍分屬五支步兵團（Foot Guards）和兩支騎兵團（Horse Guards），顧名思義前者走路，頭上戴熊皮帽；後者騎馬，帽上有馬鬃毛，一眼就能分清。不過，「一片蛋糕」僅止於此，再往下細分可就沒這麼「一目了然」……

猶如卡通娃娃的步兵團外型看來八九不離，實際卻分屬五個性質各異的隊伍，分別為：手榴彈兵衛隊（Grenadier Guards）、寒流衛隊（Coldstream Guards）、蘇格蘭衛隊（Scots Guards）、愛爾蘭衛隊（Irish Guards）、威爾斯衛隊（Welsh Guards）。談及如何分辨箇中差異，熱中此道的網友幽默稱「要看三子」，即帽子、領子與釦子。

手榴彈兵衛隊：熊皮帽左側別白飾毛（帽子）、深藍領別手榴彈徽章（領子）、等距排列（釦子），駐地為英格蘭。1665年，由查理二世建立，攻擊敵人的方式為徒手靠近後丟擲炸彈，所以被稱為手榴彈兵衛隊。

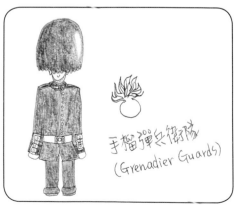

手榴彈兵衛隊
(Grenadier Guards)

1_手榴彈兵衛隊
2_手榴彈衛隊徽章

1_寒流衛隊　2_寒流衛隊徽章　　　　　　1_蘇格蘭衛隊　2_蘇格蘭衛隊徽章

寒流衛隊：熊皮帽右側別紅飾毛（帽子）、金領上別加德勳章（領子）、兩個一組排列（釦子），駐地為英格蘭。

蘇格蘭衛隊：熊皮帽有別於其他衛隊，不別飾毛（帽子）、領上別蘇格蘭國花蘇格蘭薊（領子）、三個一組排列（釦子），駐地為蘇格蘭。

愛爾蘭衛隊：熊皮帽右側別藍飾毛（帽子）、領上別愛爾蘭國花酢醬草（領子）、四個一組排列（釦子），駐地為愛爾蘭。1900年，維多利亞女王以「嘉許愛爾蘭人英勇」為名建立的軍隊（實際有收編意味），另一特徵為吉祥物是愛爾蘭獵犬，是衛隊中唯一由獵犬做前導的部隊。

威爾斯衛隊：熊皮帽左側別中間綠上下白的飾毛（帽子）、領上別威爾斯國花韭蔥（領子）、五個一組排列（釦子），駐地為威爾斯。1915年，為第一次世界大戰而建立的衛隊，意在號召青年保衛國家。

相較可愛取勝的步兵，騎兵顯得帥氣逼人，英姿挺拔的御林騎兵團，時時是遊客焦點所在。騎兵團分為生命衛隊（Life Guards）、藍色衛隊

1_愛爾蘭衛隊　2_愛爾蘭衛隊徽章　　　　1_威爾斯衛隊　2_威爾斯衛隊徽章

（Blues and Royals）兩種，共同特徵是配戴白色皮手套（保護操縱韁繩的雙手）、鞋為高筒馬靴，騎馬時配有胸甲，唯兩支隊伍頭與身上使用的顏色不同。

生命衛隊：1648年，奧利弗·克倫威爾等人領導的清教徒革命在議會取得決定性勝利，他們不僅殘酷鎮壓平等派運動與保皇派叛亂，更主張將國王處死。隔年查理一世被送上斷頭台（英國史上唯一被處死的國王），其子查理二世繼位，未幾因戰敗被迫離開祖國，身旁不離不棄的軍人組成生命衛隊，貼身保護流亡歐洲的國王。1660年，查理二世被擁回英國復辟，這支身穿鮮紅色制服的騎兵團也被納入正規系統。

藍色衛隊：查理二世重返英國，接收克倫威爾建立、著深藍制服的騎兵部隊，將其交由牛津伯爵指揮。部隊參加過滑鐵盧、二次世界大戰、福克蘭群島等大小戰役，隨著時代演進，這支軍隊不再騎馬打仗，而是坐坦克車上戰場。

皇家禁衛軍制度多在查理二世建立基礎，原因可能與他的父親遭推翻有關，試想眼見獨裁老爸眾叛親離的兒子，怎不想建立一支全然

生命衛隊

藍色衛隊

忠於皇室的衛隊！感覺花瓶多過實用的禁衛軍，直到二戰期間，都還參與實際戰鬥；在國勢太平的今日，則多改任禮儀工作。

最後，不得不提步兵團頭上猶如大型麥克風的毛茸茸熊皮帽。皇家禁衛軍最早並不戴這種帽子，約莫在1815年滑鐵盧戰後，才由手榴彈兵衛隊率先開始使用。熊皮帽顧名思義，由黑熊皮毛製成，英國國防部每年向加拿大購買近五百張黑熊皮（平均一張要價650鎊），以製作軍帽。長年獵殺黑熊的行為引起保育人士抗議，認為此舉助長「無恥的屠殺」（保育團體稱英國軍方都挑選剛生產完的母熊皮，因為皮毛特別亮麗有光澤）的元兇。軍方一度嘗試以人造皮取代，但事後宣稱試驗失敗，理由是不如熊皮透氣耐久，亦有禁衛軍高層官員抱怨人造皮缺乏「活力」與「韌性」。唉！用真活力去換取頭上的假活力，追求眼前美觀而付出無價生命，熊皮帽的神氣威風背後，卻是如此寫實私利。

參考資料：
1.阿B福利社2，「英禁衛軍最愛熊帽 黑熊皮皮挫」，2006年6月19日。
　http://www.fulisir.us/forums/showthread.php?t=40664
2.皇家英軍BRITISH ARMY，「英國皇家禦林軍(PALACE-GUARD)+檢閱精彩影片」，2007年2月12日。
　http://tw.myblog.yahoo.com/sh69hk/article?mid=2062&next=747&l=f&fid=15
3.葉政雄，「英國女王的禁衛軍」，2009年6月10日。
　http://blog.liontravel.com/YehSir0514/post/3117/20546
4.維基百科──查理二世、英國陸軍

英國四處可見雙炸小吃店

美食：大餤炸魚和薯條

沉浸豐富皇室頂級珍藏，本以為重頭戲已過，接下來只會「每況愈下」。未料，溫莎魅力不限古堡，走出貴族監獄，小鎮生活更是樂趣無窮！沿著圍繞城堡的法國路（Frances Road）、往泰晤士河方向步行，沿途琳瑯滿目的紀念品店紛紛使出渾身解數，皇室成員的俄羅斯娃娃、女王肖像的精緻瓷器、酷帥王子的大幅海報……商人發揮無窮創意，想盡招數讓遊客心甘情願掏腰包。

皇室紀念品店如雨後春筍

　　粟子經驗談：溫莎古堡內的紀念品質量較優，也具獨特性，如以「嘉德勳章騎士團」紋章盾徽為主題的周邊商品，就未在他處見過。建議喜歡買小玩意作紀念的朋友，不妨先在古堡外探價，再至古堡內精挑細選。

Fish & Chips哈燒秀

倫敦行前，許多熱心親友提供當地飲食情報，「炸魚和薯條」始終盤據英國最熱排行榜首位。「新鮮魚塊配上大量薯條，灑上鹽和醋，就是最正統的吃法！」旅遊節目強力放送，飛越半個地球的我，豈有不嘗嘗看的道理！

逛累了？來客炸魚和薯條

自溫莎古堡往泰晤士河途中，陸續見到數個「Fish & Chips」招牌，內文標榜一份特價6.5鎊，腦內迅速換算匯率，幾乎是美式餐廳Friday等級，如此要價還算便宜？貨比三家，終於找到「盜亦有道」的商家，一盤4.5鎊的低價，更吸引七八位哈雷族光顧。皮膚黝黑、略帶口音的老闆是印度移民，專注電視的他，總要客

小店就靠一只油鍋，凡炸都賣！
桌上調味料任君加

小英最愛的家鄉味

人連喚三四聲才有反應。「Only one？」他懷疑確認，習慣「一人一盤」的點餐方式，對亞洲人的「三人一盤」頗感困惑。事後才知，一盤份量奇足無比，好險當機立斷一家共享，否則大把油膩下肚，難保腸胃不罷工！

等待熱油鍋的同時，熱愛酸甜口味的我，發現豐沛醬料與調味品，醋、鹽、蕃茄醬一應俱全。

炸得外脆內軟的熱呼呼薯條、魚排，盡情灑上沾料，哪有不好吃的道理？想到這，完全能夠體會英國人鍾愛炸物的心情。十分鐘過去，白煙裊裊的食物上桌，趕緊淋上紅黃黑醬，為金黃料理增添繽紛色彩。坦白說，「Fish & Chips」就是單純的高熱量油炸品，儘管比不上故鄉精心烹調的鹹酥雞，但在氣溫偏低的秋季，這油油脆脆的超燙食物依舊魅力無限。

完成上菜動作，老闆關掉鎮店之寶——油鍋，喜孜孜鑽到隔壁紀念品店找美眉聊天，熱情模樣和先前制式笑容大不相同。如此不務正業的表現，讓所有客人有志一同，露出「那A阿捏」的絕倒表情……

別被河畔寧靜氣氛所欺

別被天鵝優雅身形所騙

一片麵包就能引爆空前騷動！

好學生，壞天鵝

吃飽喝足，繼續往「Windsor &
Eton Riverside」車站前行，未幾
來到站旁的市區、郊區交界。筆直
的雙線道柏油路，兩旁是隨季節更
替色彩的行道樹，久久才有車輛穿
越，無污染的清新空氣，展現與倫
敦兩樣的鄉村風情。

細念溫莎小鎮的車站名稱，裡面不
只「Windsor」還有「Eton」，提
到伊頓，直覺聯想貴族搖籃「伊
頓公學」。這所孕育無數英國貴

族名人的母校，位在古堡北方0.9公里。儘管旅遊指南描述：「常可看到穿著燕尾校服模樣的十來歲學生。」卻也不諱言得「碰運氣」，或許是咱們來的時間不對，沒碰上運氣，一個人影也沒見著。除此之外，指南亦指此處有數間老牌二手店，但素有「人體導航系統」之稱的粟爸反覆搜尋，同樣一無所獲，推測可能已經關門大吉。

途經溫莎伊頓橋（Windsor & Eton Bridge），寧靜氣氛被一宗結夥搶案打破，現行犯是一群白天鵝！話說河堤旁有位「善心人士」正準備撕開麵包膠袋，還沒來得及餵，天鵝已爭先恐後、一擁而上，驟變情勢嚇得他步伐凌亂、差點滑跤。看新聞才知，這群完全沒把人類放在眼裡的天鵝，早已惡名昭彰。當地人雖苦不堪言，卻拿牠們沒輒，因為嬌客是「女王的天鵝」，除非女王針對「蠱惑仔」放棄所有權，否則平民百姓根本束手無策。

離古堡越來越遠，再抬頭看，眼前景致變化萬千，此刻的溫莎古堡就像轉動中的萬花筒，每個角度都是不同的視覺饗宴⋯⋯

伊頓公學（Eton College）

全　　名／The King's College of Our Lady of Eton beside Windsor

前往方式／由溫莎古堡往北，經溫莎伊頓橋，直走High Street約十分鐘即可到達。

簡　　介／位於泰晤士河畔的伊頓公學，為亨利六世於1440年創立，初時提供貧窮學生免費教育，作為入讀劍橋大學國王學院的預備學校。十七世紀，發展成為一所名校，至今是英國公認最好的公學。學校僅招收1480名十三到十八歲的男生，住校生一學年（三學期）總費用約為26,000鎊，是英國王室、政經界精英的培訓地。

官方網站／www.etoncollege.com

石砌城堡在雲霧繚繞中若隱若現，一如童話故事裡的景象。無論漫遊古堡或漫步小鎮，溫莎都是非常棒的選擇，當然她也有濃厚的商業氣息，但感覺「市儈得恰到好處」，方便而不討厭。時間短，一天足夠；時間長，一週也行，溫莎的千萬風情，就等您來親身體驗！

1_小鎮、古堡和諧共存
2_別具風情的溫莎小鎮

格林威治訪勝

LONDON

+

格林威治訪勝

格林威治天文味濃

出發：三種人走三條路

提到「格林威治」（Greenwich），脫口而出「標準時間」，沒錯！這裡正是劃分全球時區的基準，名符其實的世界級地標。來到英國，當然不可錯過一親芳澤的機會，前往位在內倫敦格林威治市、格林威治公園（Greenwich Park）內的「格林威治天文台」（Royal Greenwich Observatory），一償橫跨子午線的快意。至於五六日開放的「格林威治市集」（Greenwich Weekend Market）更是「尋找有緣物」的好所在，一二三……N手貨齊聚，豈有不大買特買的道理！一早，懷著朝聖心情，備妥地圖和旅遊指南，展開這趟兼具知性（參觀天文台）與感性（市集大血拼）的豐富旅程。

交通發達的倫敦市區，背包客的煩惱並非「怎麼去」而是「用什麼方式」，這趟格林威治行程，就有輕軌電車（DLR）、渡輪、火車三種途徑。想知道哪條道路最適合自己？敬請參考下列的歸納整理。

粟子小百科

位於倫敦東南方的格林威治，過去為皇室興建宮殿、避暑別墅的聖地，後者多改建為博物館一類公共展覽空間，其富麗堂皇的建築風格依舊清晰可見。

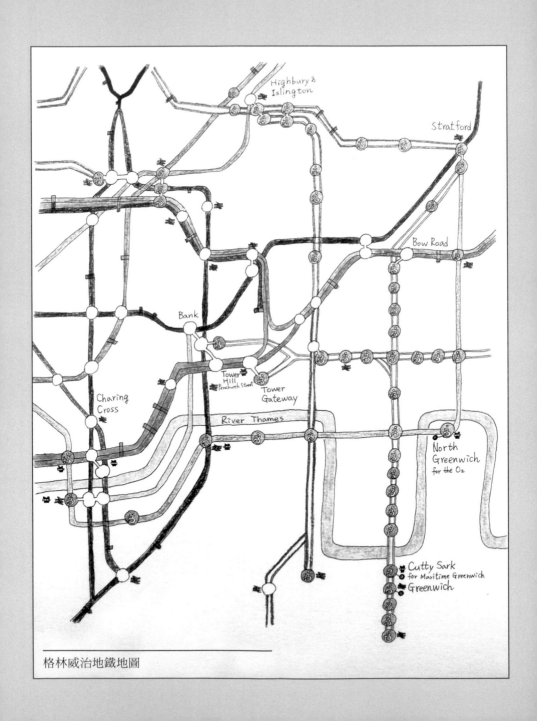

格林威治地鐵地圖

輕軌電車好惬意

與地下鐵連結的輕軌電車（DLR），內外都與台北文湖線有幾分相似。DLR多為高架運行，乘車移動時，睜開眼睛便可飽覽市區景色。對喜愛東張西望，又厭惡走路的朋友，無疑是最好選擇。

搭乘倫敦地鐵，各站免費贈送的「Tube map」，是不拿可惜的法寶，從此轉來轉去無憂無慮。使用輕軌電車赴格林威治，粟家在「Bank」轉搭DLR至位在第二區的「Greenwich」。需要提醒的是，地鐵圖上簡單的轉乘符號，實際得快走十分鐘才能到達，名符其實的「看指標走昏人」。離峰時間的DLR，車廂內乘客三三兩兩，終於擺脫都市的侷促宿命，有了喘口氣的機會。整體而言，我很推薦輕軌電車，一來人少不擁擠，二可輕鬆飽覽沿途景致，加上車站多走「簡單清爽」路線，悠悠哉哉令人難忘。DLR

1_簡單清爽的DLR車站　2_輕軌電車內部，類似台北捷運文湖線

1_渡輪露天區被海風吹到頭快掉的乘客
2_半開放式船艙視覺雖有死角，卻不用被吹到哭！

車廂大多寧靜非常，僅有「尖叫小嬰兒」偶爾突擊，是乘客耳中最溫馨的噪音。

乘車資訊：倫敦多個車站都可由地鐵轉搭輕軌，包括：Bank、Tower Hill（Tower Gateway）、Stratford等，可視所在位置挑選最適合的轉乘車站。

泰晤士河夕陽西下

渡輪大風呼呼吹

在倫敦的日子，幾乎天天與泰晤士河打照面，不時可見大小渡輪、遊艇乘風破浪。看著這些戴墨鏡、髮梢飛揚的酷帥乘客，強烈希望能在旅途結束前，試一試這美妙滋味……由格林威治返回倫敦市區時，從此出發至「西敏碼頭」的渡輪，終於助我一嘗宿願！

心滿意足登船，卻意外浮現挑座位難題，排在隊伍前段的粟家，面臨究竟要和老外搶露天位置，還是躲進無人船艙內？腦袋快轉分析：露天甲板可盡享360度河岸景致，但須付出被吹到「失魂落魄」的代價；後者雖免受海風摧殘，但視覺必會打些折扣。反覆琢磨，為免在忙碌勞累旅途中染上感冒，我們決定放棄人滿為患的露天區，坐進有透明玻璃罩的半開放艙內。

船隻啟動前，亟欲拍照留念的我，對此決定有些後悔，因為眼前刮花痕跡玻璃罩擋住的不只是強風，還有萬里無雲的絕美畫面。然而，當船逐漸加速，徐徐暖風搖身一變狠狠冰刀，一道一道砍向臉龐，逍遙天堂頓成寒冷煉獄。大人紛紛裹上披肩外套，嬰兒車更套上密不透風塑膠罩，一時間手忙腳亂。此情此景，令在船艙好整以暇的我，深刻體會「有一好沒兩好」的不變定律。

> 乘船資訊：格林威治到西敏碼頭單程約45分鐘，4、5、9、10月AM10：30～PM4：00每30分鐘一班；6至8月AM10：00～PM5：00每30分鐘一班；11月至隔年3月AM10：40至PM3：20每40分鐘一班。票價單程5.8鎊、來回7鎊。

1_格林威治火車站前街景
2_格林威治公園綠草如茵

火車悠遊往日情

相較漫遊市區的輕軌、飽覽河岸的渡輪,火車的優勢在於停站最靠近格林威治市中心,出口比鄰商店街與週末市集。格林威治火車站精緻小巧,是倫敦最古老的鐵路線,處處可見歐洲舊時風情。

> 乘車資訊:欲乘火車至格林威治,可先搭地鐵到「Charing Cross」站,再至鐵路一號月台換車,約30分鐘一班。

和粟家一樣中意「無憂無慮旅行」的同好,選擇DLR最理想,不僅班次多、與地鐵接軌(跟隨指標轉車即可),便利又快速;喜愛「乘風破浪」的朋友,可嘗試搭乘渡輪,唯需注意船隻班次,以免向隅;至於追求懷舊氣息的旅人,不妨來趟穿越百年時空的懷舊火車體驗。最後,建議去回程使用不同的交通工具,畢竟海路(渡輪)、陸路(火車)、懸空(DLR)各有優點,錯過任何一樣都可惜。

航海時代的超級帆船——卡堤沙克號

奔走：把腿繃緊罩子放亮

馬不停蹄數日，滿以為「競走」高潮已在「徒步遊泰晤士河」那日熬過，直到在格林威治嘗到腳不沾地的苦楚，才明白先前的自己真是「好傻好天真」。從找廁所到覓景點，雙腿沒停地運作，深刻體悟「平日不鍛鍊，旅遊徒哀嚎」。

漫漫行軍路，找不到廁所好無奈！

常聽人説「把皮繃緊點」，對參加撈本旅行團的我而言，應該改成「把腿繃緊點」更實在！

內急好急

步出輕軌的簡易車站，為免後顧之憂，決定優先解決內急問題。人是很有趣的動物，原本毫無念頭的事，一旦放在心上，就會越來越想……一如下車時毫無尿意的我，在開始找廁所的剎那，突然覺得膀胱「波濤洶湧」，眼看就有憋不住的大危機！

「心腹大患」頻頻催促，腳步跟著一再提速，總算不負苦心人，在人流最豐的市區路口見到「←Toilet 250m」指示牌。順著箭頭，是條通往公園的羊腸小徑，正欲放下心中大石，豈料竟是霹靂噩耗：「什麼？禁止使用！」小平房被層層鐵鍊纏住，因乏人

1_火燒摧殘前的卡堤沙克號
2_麵包屑引來成群鴿仔
3_占地廣闊的格林威治公園

管理而遭裁撤。兜兜轉轉跑了兩三公里，好不容易在格林威治渡輪碼頭旁，找到一間付費公廁。

相較投幣孔前躊躇許久的節儉老夫妻，我根本無暇（沒資格）考慮。急急投入50便士，厚重鐵門應聲打開，雖然裡頭衛生紙四散、水漬四濺，卻是唯一的救命選擇。這次痛苦經驗給我兩個啟示：一、旅途中想上廁所，千萬要保持鎮定，否則只會急中生亂；二、旅途中巧遇廁所，最好去一下安心，否則難保不會「過了這村沒那店」！

204
205

> 粟子經驗談：離開付費廁所，竟在鄰近展覽館遇見超乾淨的免費公廁（當然我又光顧一次）。其實，該處採捷運閘口設計，遊客必須投幣才能進入，碰巧「搶錢裝置」失效，所有人或擠或跳或鑽任意穿越，就為享受難得的「無料方便」！

餵鴿餵己

因為找廁所攪亂行程，我們提前來到格林威治碼頭，順勢展開港灣巡禮。海軍出身的粟爸對「海、港、船」一類關鍵字興趣十足，位於格林威治碼頭旁、展示航海時代歷史的

卡堤沙克號（Cutty Sark，另譯短衫號）

地　　址／Greenwich Pier, Greenwich, Greater London
　　　　　（格林威治碼頭旁）
開放時間／週一至六AM10：00～PM6：00
　　　　　週日PM12：00～6：00
門票價格／3.5鎊
簡　　介／見證十九世紀遠洋運輸的卡堤沙克號帆船，載送茶葉穿梭於大西洋、太平洋，將不耐久放的中國茶第一時間運達西方世界。帆船創下一百零七天來往中英兩國的紀錄，不僅是當時航行速度最快、裝飾最美的船隻，也是今日唯一的「倖存者」。卡堤沙克號於1869年首度下水，1954年回到陸地投身另一階段—收藏英勇航海史料的博物館與活見證。2007年5月，帆船慘遭火紋，外觀損壞嚴重，經多次籌資修復，預計2011年前後重回世人眼前。

「卡堤沙克號」可謂正中下懷，頻頻讚嘆帆船無敵的他，和「等閒視之」的妻女形成強烈對比。相較海味十足的碼頭，鄰近悠閒舒爽的格林威治公園，更吸引「正常人」目光，中午時分，正是大餟三明治的好所在。實際上，從倫敦市中心到劍橋、溫莎等觀光小鎮，公園都是最頂級的「充電站」，即便在冷風陣陣的秋季造訪，仍難掩它綠草如茵的魅力。旅行途中，坐在大樹旁的長凳上吃粟媽精心調製的沙拉麵包，始終是我最期待的部分，不僅能填飽飢腸轆轆的胃，還可舒緩連日操勞的雙腿。

格林威治公園（Greenwich Park）

簡　　介／公園包括舊皇家天文台（免費入場）、國家航海博物館（免費入場，National Maritime Museum）及格林威治碼頭在內的整片區域，占地廣大，內外周邊有多個景點，值得費時漫步細品。

滿足口腹之欲的同時，亟欲覓食的鴿子也紛紛飛到四周，「咕咕咕！」向手持食物的人類示好。將心比心，順手丟麵包豈是難事？鴿子陸續發現善人駕到，呼朋引伴、成群結隊，未幾造就眼前激烈爭食的壯觀場面。喜愛與鴿同樂的朋友，倫敦不失為結交飛禽的好所在，唯需密切注意禽流感疫情，斟酌餵食行動。

華麗學院

揮別大帆船，轉赴此行主要目的地──劃分全球子午線的基準「舊皇家天文台」。天文台位於格林威治公園內的山坡上，途經「舊皇家海軍學院」園區，空氣清新、風景優美、綠草如蔭、整齊爽利，沿途盡是悠哉享受週末的男男女女。坦白說，海軍學院是印象中數一數二的「致命景點」，並非設計不良或處處危機，反過來說，正是學院龐大精緻的建築綿延不絕，讓已變「鐵腿」的我冒著殘廢風險，捧著相機、東張西望不捨放棄。

國家海軍博物館

象徵英國輝煌海權時代的「舊皇家海軍學

舊皇家海軍學院

1_連大門都如此具古典豪華
2_禮拜堂裝潢精緻考究
3_天花板壁畫構圖細膩

院」，百年來以「海軍大學」聞名於世，唯學校組織於1998年遷出，原址納入格林威治大學，少部分開放參觀。學院建築屬古典華麗的巴洛克風格，雄偉厚實的圓柱、精心雕琢的屋簷牆面、左右對稱的嚴謹設計……令遊客目不轉睛。不只金玉其外，旅遊指南大大推崇的「禮拜堂」，更是錯過可惜的經典。暖色燭光的高挑房間，擺放整齊的木質桌椅和華麗油畫，激似電影〈哈利波特〉場景。至於桌上典雅的燭台，已換成模擬火焰明暗的燈泡，避免星火燎原的災難重演（該處百年前曾遭遇毀滅性的火災）。

「禮拜堂」內遊客絡繹，很懂得發旅遊財的英國人再度展現不著痕跡的賺錢功力，在門口旁的小木桌上，放置數張以學院風景為主題的明信片，遠看就像貼心免費贈品。誤以為「隨便拿到飽」的小卡，實際是全憑良心的榮譽商店，主動將錢投進小木盒，一張1鎊、童叟無欺。「要不要放回去？」眼見要價驚人，母女興起

擺設頗有「哈利波特」風　　建築盡展日不落帝國氣勢

退卻念頭，但環顧周圍同好，實在不願丟黃皮膚面子（會不會想太多？），於是牙一咬、照單全收。

如同許多展示古董壁畫的藝廊、教堂與古蹟，基於愛惜文物的用心，「禮拜堂」也放置「禁止攝影」立牌。不同於左顧右盼的「低調嘗試者」，金髮小哥大大方方猛按快門，見「現行犯」無人阻止，大家索性拍個過癮，手邊照片即成為犯罪鐵證！當然，我無意鼓勵「違反規定」，只是「用照片寫遊記」的願望人皆有之，記得在此前先「關閃光燈」，勉強算是自我解套的盜亦有道!?

舊皇家海軍學院（Old Royal Naval College）

地　　址／King William Wulk, Greenwlch, Greater London

前往方式／輕軌DLR「Cutty Sark」站，步行5分鐘即可到達學院範圍。

簡　　介／舊皇家海軍學院始建於十七世紀末，原為英王亨利八世在格林威治的宮殿，英法戰爭期間改為傷兵病院，1871年轉建海軍學院，培養許多優秀海軍官員。1997年，聯合國教科文組織列為世界遺產。

位在山頭的舊皇家天文台

壯舉：橫跨子午線，達成！

不捨揮別古典氣質濃厚的「舊皇家海軍學院」，就為搶在「舊皇家天文台」關門前，一睹本初子午線風采！擁有大片歐式翠綠草坪的格林威治公園，可謂絕佳必經之道，途中不少由王室宮殿、避暑別墅改建的博物館，目不暇給的風景讓人忘卻綿延公里的徒步辛苦。話雖如此，位於山坡頂的「舊皇家天文台」，確是名符其實「看山跑死馬」……我明白「旅遊必修功課」非做不可，於是以購買「專屬天文台的紀念品」拼命催眠自己，加緊腳步趕上落後距離。

爬坡看蛋

旅途中，最怕雙親使出「牧童遙指杏花村」招數，每每遇到這種情況，就表示即將「享受」漫漫登高路。來到格林威治，眺望遙

遠的「舊皇家天文台」，他倆一如往常鼓勵：「萬丈高樓平地起、聚沙成塔，一定爬得到！」其實，景點所處的格林威治公園，簡直可用如夢似幻形容，和煦陽光、微涼氣溫、青青草香……對喜愛健行的朋友，真是舉世無雙的美樂地，哪怕懶惰鬼如我，也很難抗拒她的美好。

結束數百公尺緩坡，眼前是另一項嚴苛挑戰——登天梯（說登天是誇張些，但看不見盡頭卻是真）！老奶奶亦步亦趨克服挑戰，後生小輩哪有資格唉聲嘆氣，乖乖追上隊伍腳步。雙向通行的走道，不時遇到「塞人」狀況，不是因為樓梯太窄不敷使用，而是被突然駐足拍照的行人堵住。

一度是世界最大爛尾樓的千禧巨蛋

爬坡中欣賞格林威治美景

趁著停頓空檔,回頭鳥瞰格林威治,不遠處有個像被數隻鉛筆插著的白色橢圓形建築,正是耗資數億英鎊建成、令英人心緒複雜的「千禧巨蛋」。

購買欲,旺

經歷二十分鐘爬坡掙扎,終於抵達傳說中的天文台,和山坡草坪的寧靜氣氛不同,堆滿遊客的山頂人聲鼎沸。滿腦子想著「紀念

千禧巨蛋(The Millennium Dome,現名The O2 Arena)

簡　　介／建成時為全球最昂貴建築的「千禧巨蛋」,內有近二十種不同類型的娛樂設施,規模大到連巴黎的艾菲爾鐵塔都能橫躺其中。英國政府一度對巨蛋寄予厚望,希望能成為倫敦新一代的標地性建築。然而,自2000年1月1日開幕至12月31日吹熄燈號為止,入場人數雖達650萬,卻僅是預計的一半,財務虧損連連,只得暫時關門大吉(另一說是保守黨與工黨政治鬥爭的結果)。堪稱世界級的超大蚊子館兼燙手山芋,經歷幾次易主,最終在2007年以新名「The O2 Arena」重新開幕,主要作為體育比賽和演唱會場地。

官方網站／www.theo2.co.uk

品」的我，決定先放棄收票的博物館，逕自往商店移動。十月造訪倫敦，已可感受屬於溫帶秋季的涼意，位置略高的皇家天文台，陣陣冷風更直刺脊椎。遊客不堪冰凍襲擊，紛紛穿上外套夾克，厚重衣物使店鋪更加擁擠，連轉身都困難。面對險峻挑戰，我發揮「購物欲」激發的無窮潛能，迅速流竄於各展示架前，敏捷程度和先前軟弱判若兩人。

「舊皇家天文台」紀念品主要販售與航海、天文星象等相關商品，螢光星盤、指南針、定價咋舌的精密地球儀等，復古設計與高貴價位，讓遊走其間的觀光客不時發出屬於各自語言的驚嘆聲。幾番思索，我決定購入具「格林威治風」且「售價可承受」的全球時區紙鎮，亮晶晶的外型與沉甸甸的手感，都讓自命精打細算的粟子小姐大呼滿意。

1_天文台外牆上的大時鐘
2_極具天文台氣氛的紙鎮紀
　念品（5.75鎊）

舊皇家天文台（Old Royal Observatory）

開放時間／每日AM10：00～PM5：00，最後入館時間PM4：30。
門票價格／免費（於售票口免費索取）
簡　　介／「舊皇家天文台」原全名為「英國皇家格林威治天
文台」，始創於1676年，是英國政府最早設立的皇家天文台，
目的在改善從海上測量經度的準確性。1884年，華盛頓召開國
際子午線會議，會中決定以此作為本初子午線（經度0°）的基
準點。天文台持續運作至1940年，因倫敦發展使這裡不再適合
從事天文觀測，機構遷往他處。移除研究設施後，以博物館形
式對外開放，每年吸引近百萬遊客造訪。

無料好康

結束「計畫外」的購物衝鋒，氣力
放盡的粟家三口攤在長椅休息片
刻，此時眼前竟持續發生令人困惑
的有趣畫面。話說接連幾位欲購買
入場券的遊客，手捏鈔票走至售票
口。幾句對話後，每個人都樂不可
支拿票離去，同行親友也跟著笑嘻
嘻魚貫而入，粟媽不禁好奇：「售
票口到底有啥意外驚喜？」

不一會兒，負責購票的粟爸微微笑
歸來，「猜猜看票價多少？」被倫
敦高物價嚇暈數次的母女檔異口同
聲：「10鎊、7鎊、5鎊、3鎊！」
他搖頭如波浪鼓，因為答案是「免
費」！世界級的撈錢景點怎捨得

給遊客意外驚喜的神奇售票口

一毛不收？門票背後的文字透露端倪：
「If you enjoyed your visit, we suggest a donation of €5, $5 or ￡3.」天文台正進行總金額達千萬鎊的擴建工程，除來自政府企業的大筆資助，小額捐款同樣多多益善。從滿滿的捐獻箱就能瞭解，「以退為進」效果驚人，連一向精打細算、勤儉持家的粟爸都堅持投幣支持，讓母女高呼：「這招真高！」

橫跨東西經

通過驗票口，再度面臨超熱烈場面，所有人都像獵豹般盯著長度約2公尺的「子午線」，前人後腳才走、後面馬上補進。與平時井井有條的寧靜排隊氣氛截然不同，這裡奉行「先搶先贏」的叢林法則，人人腎上腺素大飆增，才能如願達成橫跨東西經的壯舉！

天文台內外有三個「非照不可」的畫面：永遠人山人海的子午線兩側、寫著

1_人人搶站子午線
2_粟家雙親分站東西經
3_天文台內的世界最準
　　電子鐘

舊皇家天文台時時吸引眾多遊客

「Prime Meridian of the world」字樣的告示牌及下方的電子時鐘、天文台外牆上的大時鐘。儘管這條線既摸不著也抓不到，不似萬里長城或兵馬俑等遺址文物，能夠真正眼見為憑，卻深深影響你我最重要的「時間」。千里迢迢飄洋過海來此，哪有不一親芳澤的道理！

富饒知識性的舊皇家天文台之旅，原比我想像的多采多姿。除去吸引世界遊客的子午線，從天文台遙望格林威治市區的景致同樣魅力無限，船隻川流不息的港灣、為迎接千禧年興建的巨蛋……別只顧著低頭奔走東西經，記得放寬視野，欣賞歷史小城的萬千風情。

氣氛悠哉的格林威治二手市集

掏寶：週末市集開眼界

傍晚回到格林威治市區，帳棚下，攤位已經人聲鼎沸。不同於波多貝羅市集多采多姿、肯頓市集龐克另類、襯裙巷市集庶民路線，包括格林威治週末市集（Weekend Market）、鄉村市場（Village Market）和格林威治市場（Greenwich Market）三部分的格林威治市集，樣式偏重手製品、個性化商店（自製肥皂、耳環首飾、皮雕工藝）及舊書、舊唱片、二手服飾、古董家具、異國風情民俗品，甚至自家的手工

格林威治市集（Greenwich Market）

市集範圍／被College Approach、Greenwich Church Street和Nelson Road圍繞，遊客可沿格林威治高街（Greenwich High Street）漫步，順著路標與人群移動方向，即可順利抵達。
營業時間／週五至週日AM9：30～PM5：30。最佳購物時段為週日下午，不僅所有店鋪都已擺設妥當，部分老闆更會因即將收攤而適度降價。
前往方式／地鐵「North Greenwich」站、輕軌「Greenwich」站。

餅乾、糖果蜜餞，絕對是值得一遊的好所在。熱衷搜奇貨、挖怪物的朋友，請隨著粟家腳步，一同自由自在逛市集！

創意蔓延

別於努力招攬客人的「正常頭家」，肩負手製藝品職責的老闆氣定神閒，面對觀光客的好奇探詢，埋首創作的他們，頂多撥空點頭微笑，沒有半句客套招呼。從五彩繽紛的馬賽克玻璃風鈴、手繪水彩畫到世界唯一的手工銀飾，老闆將簡單材料變身獨特藝品，放置在精緻的鋪頭前，營造花樣斑斕的視覺饗宴。雖然很想駐足觀賞，但身後人潮如滾滾洪水，只得在被推離前，從人群隙縫中尋找按下快門的瞬間永恆。

1_藝術家現場製作彩繪玻璃吊飾
2_市集內的茶專賣店

繼承倫敦高物價的宿命，格林威治市集內誘人的創意商品同樣所
費不貲，動輒10鎊以上的金額，充分展現「智慧財產」的珍貴。
殺價不易，和我一樣喜愛怪東西的朋友，可別見一個愛一個，否
則難保背包滿滿、荷包扁扁！

尋二手寶

尚未從眼花撩亂中恢復，沿著指標前行，隨即穿過掛滿創意燈飾
的通道，進入擺滿露天舊貨攤位的鄉村市集。不同於著重精緻古
玩的波多貝羅市集，此處多為主題性的二手貨店鋪，從維多利亞
時期家具、民族風地毯、特色飾品、二手新娘禮服、黑膠唱片、
原文舊書、老電影雜誌等，都能在此尋獲。

手繪水彩畫小鋪

儘管已走得汗水直冒，卻只逛了不到市集一半，周圍的鐵皮屋裡也隱藏許多老貨鋪，東西堆滿狹小空間。有趣的是，多數老闆熱中閱讀、閒話家常，遠超過推銷商品，喜愛東翻西看的朋友不需顧慮被強迫推銷，大可盡情品嚐尋寶樂。根據粟家觀察，週末市集不少是趁工作閒暇出來擺攤的業餘人士，信仰「姜太公」理論，重「感覺」更勝「銀子」。遇到喜歡的物品，不妨

從粟媽表情就知格林威治有多好玩！

2鎊唱片、5鎊外套⋯⋯倫敦難得一見低價舊貨

試著與他們搏感情，一來練英文，二
來省銀子，可謂一舉數得！

生活在「＋8」時區，對格林威治的印
象就是「標準時間」，粗淺印象直到飛
越半個地球，才有了新一層的認識。美
麗港灣、古典學院、碧綠公園、悠哉
人群⋯⋯除去「人工創造」的透明子午
線，鄉村氣氛與城市便捷兼備的格林威
治，確是令人難以忘懷的好地方。

+
後記：不去英國太可惜！

英國行購入的花樣紀念品

周遭 親朋好友都知道：「宅女粟超級愛香港！」不只寫
出《平民風、在地味……我的香港私路線》（華
成，2009）、《香港自由行》（北京人民郵電，2010），興奮
分享旅遊點滴，更一去再去毫不嫌膩，那怕僅僅四天三夜的「機
加酒」，也能從訂機票的月頭樂到回台灣的月尾。「如果有錢有
閒，不如去香港。」我對東方明珠異常死心塌地，除此之外，哪
兒懶得去。

為了讓剛愎自用的獨生女開眼界，體驗歐洲氣氛，雙親使出迂迴戰術，不著痕跡強調香港殖民史，希望女兒「愛屋及烏」，試試相距近半個地球的英國。不久，粟家三口經香港飛倫敦，坦白說，這也是我答應參加此番自助行的其中原因……就算無法入境，過水一下也高興，真是無可救藥的痴情！

意想不到的是，如此愛港的我，在經歷一趟豐富旅程後，高呼：「不去倫敦太可惜！」雖沒有徹底變心，也得老實承認有幾分精神外遇。當然，這樣的結果也不能全怪我（突然溫瑞凡上身！），因為西方「小英」與東方「小香」皆屬風情萬種。既有聞名於世的景點，也具各國多元文化薈萃，迷人之處異曲同工，熱中此道的朋友哪有不花心的道理!?

坊間英倫旅行團百百種，但除非您偏愛「上車睡覺、下車尿尿」和「走馬看花、到此一遊」，被搭飛機、乘巴士佔去大半時間，否則跟團只是將導遊地陪精心安排的行程快速走一遭。趟趟相仿、年年類似，如此乾脆戴3D眼鏡看旅遊節目，豈不更便宜便利？其實，英國（尤其倫敦周邊）很適合自助旅行，交通網絡健全、語言文字可通，即使新手也能輕鬆上手。與其花錢受制於人，不如根據需求自我調配，和粟家一樣，特製一塊最合口胃也最難忘的「英國麵團」！

好不容易存夠錢、排出假、約齊人，勢必得找個讓自己和旅伴大讚「不虛此行」的好地方，築成終身難忘的美妙記憶。會翻開這本書，想必您已將英國列入選項，我必須很負責任的說，美麗的她十有八九不會令遠道而來的遊人失望。

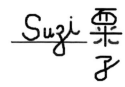

釀旅人02　PE0014

 集樂倫敦
　　　——非去不可的倫敦市集大公開

作　　者	粟　子
插　　畫	Moon
責任編輯	林泰宏
圖文排版	李孟瑾
封面設計	李孟瑾

出版策劃	釀出版
製作發行	秀威資訊科技股份有限公司
	114 台北市內湖區瑞光路76巷65號1樓
	電話：+886-2-2796-3638　傳真：+886-2-2796-1377
	服務信箱：service@showwe.com.tw
	http://www.showwe.com.tw
郵政劃撥	19563868　戶名：秀威資訊科技股份有限公司
展售門市	國家書店【松江門市】
	104 台北市中山區松江路209號1樓
	電話：+886-2-2518-0207　傳真：+886-2-2518-0778
網路訂購	秀威網路書店：http://www.bodbooks.com.tw
	國家網路書店：http://www.govbooks.com.tw
法律顧問	毛國樑　律師
圖書經銷	聯合發行股份有限公司
	231新北市新店區寶橋路235巷6弄6號4F
	電話：+886-2-2917-8022　傳真：+886-2-2915-6275

出版日期	2012年03月　初版
定　　價	300元

國家圖書館出版品預行編目

集樂倫敦：非去不可的倫敦市集大公開 / 粟子
著. -- 初版. -- 臺北市：釀出版, 2012.03　面；
　公分. --（釀旅人；PE0014）
　ISBN　978-986-6095-75-7（平裝）
　1.旅遊　2.英國倫敦

741.719　　　　　　　　　　100025384

讀 者 回 函 卡

感謝您購買本書，為提升服務品質，請填妥以下資料，將讀者回函卡直接寄回或傳真本公司，收到您的寶貴意見後，我們會收藏記錄及檢討，謝謝！
如您需要了解本公司最新出版書目、購書優惠或企劃活動，歡迎您上網查詢或下載相關資料：http:// www.showwe.com.tw

您購買的書名：＿＿＿＿＿＿＿＿＿＿＿＿＿＿＿＿＿＿＿＿＿＿

出生日期：＿＿＿＿年＿＿＿＿月＿＿＿＿日

學歷：□高中 (含) 以下　　□大專　　□研究所 (含) 以上

職業：□製造業　□金融業　□資訊業　□軍警　□傳播業　□自由業
　　　□服務業　□公務員　□教職　　□學生　□家管　　□其它＿＿＿

購書地點：□網路書店　□實體書店　□書展　□郵購　□贈閱　□其他

您從何得知本書的消息？

　　□網路書店　□實體書店　□網路搜尋　□電子報　□書訊　□雜誌

　　□傳播媒體　□親友推薦　□網站推薦　□部落格　□其他＿＿＿＿＿

您對本書的評價：（請填代號　1.非常滿意　2.滿意　3.尚可　4.再改進）

　　封面設計＿＿＿　版面編排＿＿＿　內容＿＿＿　文／譯筆＿＿＿　價格＿＿＿

讀完書後您覺得：

　　□很有收穫　□有收穫　□收穫不多　□沒收穫

對我們的建議：＿＿＿＿＿＿＿＿＿＿＿＿＿＿＿＿＿＿＿＿＿＿

＿＿＿＿＿＿＿＿＿＿＿＿＿＿＿＿＿＿＿＿＿＿＿＿＿＿＿＿＿＿＿

＿＿＿＿＿＿＿＿＿＿＿＿＿＿＿＿＿＿＿＿＿＿＿＿＿＿＿＿＿＿＿

＿＿＿＿＿＿＿＿＿＿＿＿＿＿＿＿＿＿＿＿＿＿＿＿＿＿＿＿＿＿＿

11466
台北市內湖區瑞光路 76 巷 65 號 1 樓

秀威資訊科技股份有限公司　　　收

BOD 數位出版事業部

....

（請沿線對折寄回，謝謝！）

姓　　名：＿＿＿＿＿＿＿＿　年齡：＿＿＿＿　性別：□女　□男

郵遞區號：□□□□□

地　　址：＿＿＿＿＿＿＿＿＿＿＿＿＿＿＿＿＿＿

聯絡電話：(日)＿＿＿＿＿＿＿＿　(夜)＿＿＿＿＿＿＿＿

E-mail：＿＿＿＿＿＿＿＿＿＿＿＿＿＿＿＿＿＿